平凡社新書

874

「ネコ型」人間の時代

直感こそAIに勝る

太田肇
OHTA HAJIME

HEIBONSHA

「ネコ型」人間の時代●目次

第3章　いよいよ「ネコ型」人間の時代に

はじめに

五年ほど前（二〇一三年）のことであった。秋に紅葉が深まってきたころ、夜の一一時を過ぎ、そろそろ寝ようとしていたら突然、「ギャー」という断末魔のような悲鳴が聞こえてきた。

急いで庭に飛び出すと、何か小さな物体がイヌ小屋の前に転がっている。おそるおそる懐中電灯で照らしてみると、手のひらに乗るほどの子ネコが鼻から血を流し、仰向けにグッタリと横たわっているではないか——。そばでは愛犬のモモ（雌の柴犬）が牙をむき、うなり声をあげている。私はあわててモモを子ネコから引き離し、子ネコを片手でつかんで家のなかに入れた。

よくみると、その子ネコは数日前から母ネコにつれられて近所をうろついていた、三匹の子ネコのうちの一匹だったことがわかった。夜の道で親からはぐれてわが家の庭に迷い込んだところを、庭の主《あるじ》であるモモに襲われたようだ。

私は身動き一つしない子ネコの姿を目にしたとき、てっきりかみ殺されたものだと思い、どう処理しようかと思案していた。ところがよくみると、かすかにお腹が動いている。おそらく助からないだろうとは思いながら、次男が部屋に連れていって一緒に寝ることになった。気の重い一夜が明けた朝、次男が起きてきて興奮ぎみに、「ネコが部屋中を走り回っている！」と言う。

子ネコは生後一か月くらいの雄で、雑種だがグレーの長い毛に覆われ、クリッとしたかわいい目をしている。そうとう空腹だったのか、イヌのエサをやったらペロリと平らげた。私は驚きと安堵の入り交じった気持ちで、妻と次男に「どうする？」と聞くと、即座に「飼いたい」という一言が返ってきた。

その愛らしさに加え、せっかく家に来てくれたのに、危ない目に遭わせた責任もある。私は迷うことなく二人の希望を受け入れた。妻はさっそく、その特徴的な目にちなんで「クリ」と名づけた。

その日から、クリは家族の一員となり、私たちと一緒に暮らす生活がはじまった。イヌを一〇年あまり飼ってきたので、ネコだって同じように育てればよい。しかもイヌより小さいし、散歩に連れていく手間もかからないから楽だ。そう安易に考えていた。

それが甘かった。抱っこしてやろうとしたら、いきなり小さな爪でひっかいてきた。エサの与えかたからスキンシップやしつけの方法まで、イヌにしてきたことがネコにはまったく通用しないのだ。

「イヌは人につき、ネコは家につく」という。それだけネコは人に従属しないのである。気が乗らなければ、飼い主だって平気で無視する。

もともとイヌ派だった私は、クリのわがままぶりに戸惑い、手をやいた。テーブルに上がると、箸であろうがスプーンであろうが手当たりしだい床に落とすし、買い置きしていた菓子は勝手に袋を破り食い散らかす。ちょっと目を離したらパソコンのキーボードの上に寝そべっていて、ディスプレーには意味不明の文字が並んでいる。いくら叱ってもいたずらを止めないので、イラつくこともあった。

それでも何とかネコの生態を知り、よきパートナーになれるよう、ネコ関連の本を買いあさり、動物写真家として有名な岩合光昭の「世界ネコ歩き」シリーズをはじめ、ネコが登場するテレビ番組は片っ端から録画して勉強した。また幼いころ、家に三毛猫がいたので、その当時の記憶を懸命に思い出そうともした。

ネコが私たちに慣れたというより、私たちがネコに慣れたのだろうか。日がたつにつれ、そのわがままぶりがだんだんと魅力に変わっていった。

やがて家で仕事をするときには、クリがそばにいないと私のモチベーションは上がらなくなってしまった。おそらく世の愛猫家の多くが、私と同じようにネコに振り回されながら、気がついたらネコの虜《とりこ》になっていたのではなかろうか。

イヌとネコの両方と暮らすうちに、それぞれの特徴がだんだんとはっきりしてきた。そしてイヌやネコとのつき合いかたが、人間の世界、たとえば親と子、教師と生徒、上司と部下、会社と社員との関係にそのまま当てはまるのではないかと思うようになった。

さらに私たちが、これからの時代を生き抜くために組織や社会でどうふるまえばよいのか、他人との人間関係をどう築けばよいのか、子どもや生徒、部下をどう育てればよいのかについて、ネコから重要なヒントが得られると気づいたのである。

それだけではない。興味深いことに、ネコの優れた能力とそれを生みだす驚異的な集中力やモチベーションは、これからの人間に求められるもっとも大切な要素そのものである。しかも、人間だって条件さえ整えばそれを発揮できるはずだ。ネコにできて人間にできないはずはない――。

どこかで聞いた大げさなフレーズを用いるなら、「大事なことはすべてネコが教えてくれた」のである。

では、なぜ、イヌではなくネコなのか。その答えにつながるようなエピソードを述べておこう。

毎年、サクラの花が満開を迎えるころになると、大学のキャンパスは新入生たちであふれ、あちこちからおしゃべりや笑い声が聞こえてくる。そのなかでもひとききわテンションが高いのが、新入生をクラブやサークルに勧誘する新二年生たちだ。慣れないキャンパスライフに戸惑いぎみの新入生に対して、彼らはあふれんばかりの笑顔とサービス精神で声を掛けまくる。同じ風景は、ゼミ（演習）の教室でもみられ、後輩が入ってくるとおとなしかった学生たちが、別人のように張りきる。

近ごろの学生は、授業でも当てられないと発言しない。学生時代にボランティアや社会活動へ参加する者も他国に比べて少ないといわれる。社会人になっても、素直に上司のいうことを聞くが、自分から行動しようとしない「指示待ち族」が増えている。いろいろなところで、「消極的な日本人」というレッテルが貼られようとしている。

ところが、その彼らもときにはまったく違う顔をみせるのである。

会社でも意外な話を耳にする。

職場になじめない新人が増えているので、入社二、三年目の社員をメンター、すなわち「お兄さん」「お姉さん」役として就ける。しかし、残念ながら目にみえた効果があがらないケースが多いようなのだ。事実、日ごろの指導や助言をしてくれるメンターには一言も伝えず、突然辞めていく新人が少なくないという。けれども思わぬ副産物がある。多くの人事部員たちが「メンター自身は間違いなく成長した」と断言する。育てられる側より、育てる側のほうが成長するというのだ。幼い子が、弟や妹ができたとたんにしっかりするのと同じである。

そして、肝心の新人に対する離職防止という点については、メンターよりもっと貢献している人たちがいる。それは「パートのおばちゃん」だ。新入社員と対等に話し、ときにはお節介をやいたり、やかれたりする「おばちゃん」たちが職場にいると、新人が急に辞めなくなるという。

意外な話は、ほかにもある。

私の知人は、部下が典型的な「指示待ち社員」で、一から一〇まで指図しないと何もできないとこぼしていた。その知人がソフトボール大会で足首の靭帯を断裂し、しばらく会社を休むことになった。休んでいても、仕事が無事に回っているか気が気でない。そこで職場に電話を入れてみると、電話に出た当の部下が「大丈夫です。心配せずゆっくり治してください」と自信満々に答える。半信半疑で周囲の人に聞いてみると、彼は管理職顔負けの働きぶりで、自分がいるときより仕事が順調に回っているといわれ、安堵を通り越して寂しくなったと、その知人は語っていた。

こうした意外な顔や現象は、どこからくるのかと考え続けていたとき、たまたまある大学院生の研究発表を聞いて、「これだ！」と合点がいった。いろいろな出来事が一本の糸でつながり、意外な顔や現象が、意外ではなくなったのだ。

ここにあげたような現象はすべて人間の本質に根ざす、しごく自然な現象なのである。そして、現在の日本社会、日本の組織の弱点を浮き彫りにしていることに気づいたのだった。


いま、空前のペットブームといわれる。その主役はイヌとネコだ。しかし、先に述べたようにイヌとネコはある面で対照的な動物である。イヌは集団的な行動を好み、飼い主に従順で、けっして人を裏切らない。「待て」といわれたらいつまでも待っているし、上手にしつけたら人間の手足として働いてくれる。

一方、ネコは気ままで人の言うことを聞かない。その代わりエサは自力でとってくるし、自分で排泄の後始末もする。当然、ペット愛好家もイヌ派とネコ派に分かれ、イヌ派はその従順さを好み、ネコ派はわがままな「ツンデレ」に惹かれる。

ところが、昨年までペット数はイヌがネコを上回っていたように、日本人にはどちらかというとイヌ好きが多かった気がする。そして家庭でも、学校でも、会社でも無意識のうちに人をイヌと同じように扱ってきたように思う。そのため子どもも大人も、「飼い主」に好かれる「イヌ型」人間になろうとしてきた。

それがたまたま何かの拍子に「イヌ扱い」から解放され、あるいはネコのように扱われたことで、眠っていた意欲と才能が目覚め、潜在能力を一〇〇パーセント発揮しはじめた――。弱小チームが常勝軍団に一変したケースや、倒産寸前からV字回復した企業の例がある。イジメや不登校が減り学力があがった学校や、再犯者がゼロになった少年院もある。ほかにも、このような事例はいたるところに存在する。

人間は経験してはじめてわかることが多い。「イヌ扱い」されてきた人が、いちど「ネコ型」で生きてみると、毎日がどれだけ自由で幸せかを実感する。

その根拠を示そう。二〇一〇年におこなわれた第六回「世界価値観調査」によると、日本人の幸福感は六六か国のなかで三〇位ということである。同調査の日本代表を務める山崎聖子の分析によれば、この幸福感とは、自由度の実感の拡大ととくに関連性が高いという。ところが人生の自由度についての認識は、日本が五七か国のなかでもっとも低い（池田 二〇一六）。つまり、日本人が幸福感を味わえないのは自由度の低さがおもな原因であり、自由度さえ高めれば幸福感が飛躍的に高まるはずなのだ。

そして多くのエピソードやデータが物語るように、日本人は、自由と責任の意識が高まればこれまでよりもはるかに活躍できるようになり、生産性も上がっていくに違いない。日本の組織も社会も間違いなく再生する。本書で順を追ってそれを示していきたい。

第1章　人を「イヌ扱い」してきた学校・会社の罪

（1）組み体操で良心は育たない

なぜ、だれも助けないのか

二〇一七年八月八日、夏の高校野球選手権大会の開会式のことである。炎天下の甲子園では、統制がとれた選手の入場が終わり、各校のプラカードを掲げた女子生徒の後ろに選手は並んだ。さすがは地元を代表する選手だけあって、寸分の狂いもなく整列し、だれも微動だにしない。

その静寂のなかで突然、プラカードを持っていた一人の女子生徒がバッタリと前に倒れた。テレビ画面の前で私は思わず息をのんだ。しかし、もっとショックだったのは、そのあとにできた数秒の間《ま》である。そばにいた選手は、だれ一人として自分から助けようとしない。女子生徒はその場に倒れたままなのだ。しばらくして駆けつけた大会関係者に連れられていった。

選手の行進が凛々《りり》しく、かつ頼もしく感じられたあとだけに、この落差に衝撃を受けた人が多かったに違いない。

私は助けようとしなかった選手を非難するつもりはない。彼らは勝手な行動を強く戒められてきた教えが頭をよぎったかもしれないし、肌を刺すような周囲の視線も気になったはずだ。

そもそも同じような状況のもとで、即座に駆け寄って声をかけたり、手をさしのべたりできる生徒が日本中にどれだけいるのだろうか……。

教育学者の佐藤淑子は、著書（佐藤　二〇〇一）のなかで、日本に来た留学生の体験談をつぎのように紹介している。雨のなかで自転車ごと倒れていても、目の前にいるサラリーマンはだれ一人助けてくれなかった。また、山手線で突き飛ばされて転んだとき、だれも助け起こしてくれず、日本人が信頼できなくなった――と。

たいへんなときに、だれも助けてくれないのがふつうだとしたら、なんだか寒々としてくる。

裏切られた「親切な日本人」という信頼

日本人はルールを守り礼儀正しいという評価は、もはや世界中に広がっている。財布を落としても戻ってくる国は日本くらいだといわれるし、震災で家も財産も失った人たちが冷静さを失わず、秩序正しく行動する姿に海外から賞賛の声が寄せられた。たしかに、それは世界に誇るべき日本人の美徳である。

こうした日本人のふるまいが、家庭や学校での教育によって養われたものであることに疑う余地はない。小中学校の運動会では、伝統的な綱引きをはじめ、組み体操やムカデ競走、大縄飛びといった仲間同士の連帯感を誇る競技が目白押しである。チームの目標達成や勝利を目指して一心不乱にがんばる姿をみて、教師は満足し、親は感動の涙を流す。

さらに東日本大震災を経て、「絆」「つながり」といった言葉をいたるところで耳にするようになったいま、日本人は他人に親切で連帯意識も強いはずだとだれも信じて疑わない。

それだけに、前述のような光景を目にしたとき、私たちは落胆するのだ。そして「連帯」や「支援」を少し違う角度からみてみると、落胆がある種の納得と失望へ変わっていく。

内閣府が二〇一三年の一一月と一二月に、日本や欧米など七か国の一三〜二九歳の男女を対象におこなった意識調査では、ボランティア活動に興味が「ある」と答えた人が日本は七か国のなかで最低で、「ない」と答えた人がもっとも多かった。

またイギリスのチャリティー団体 Charities Aid Foundation は、寄付、ボランティア、支援の三つの指数からなる「世界寄付指数」を発表しているが、結果は衝撃的だ。二〇一四年の指数をみると、日本は一三五か国のなかで九〇位と低位で、とくに「支援」（見知らぬ人や、支援を必要としているだれかを助けたか）という指数では、一三四位とカンボジアに次ぐワースト二位であった。

そういえば身近なところでも、電車のなかで目の前に立っている老人に席を譲る若者は他国の若者に比べて明らかに少ない印象を受けるし、学生のボランティアも内申書への記載や授業の出席扱いといった「アメ」がなければ、なかなか参加しないのが現状である。

そこからわかるのは運命的な連帯や半ば強制的な支援と、自らの意思による連帯や支援とでは、まったく性質が違うということである。運動会の団体競技に象徴されるように、日本の学校教育、それに家庭や職場、地域などで育んできたのは、明らかに前者である。

組み体操にしてもムカデ競走にしても、他人と共同歩調をとる訓練にはなるかもしれないが、自分から他人に手をさしのべたり、協力の輪を広げたりする行動力を養うのには役立たない。それどころか、そこに強制や圧力が働くことによって、もともと人間に備わっている自発性や利他心さえ封じ込めてしまうおそれがある。

つまり、強制や圧力がなければ動かなくなってしまうのだ。

少し文脈は異なるが、最近それを強く感じることがある。私は授業に無理やり出席させても意味はないと思っているので、大学の講義で出席をとらないことにしている。すると講義を受けにくる学生が極端に（ここに書けないほど）少ない。出席をとっている講義とは雲泥の差なのだ。しかも、その傾向は年々強くなっている。おそらく学生たちには「出席をとらないのに出席すると損だ」という心理が働いているのだろう。

強制すると、こういう消極的な姿勢を植えつけてしまうのである。

親が危篤でも帰れない社員

もちろん、それは学生にかぎった話ではない。

社会に出てからもまた、上から指示されたとおりに動き、周りと共同歩調をとりながら行動するように求められる。そうして身についた過剰な同調や従順さが、仕事の場においてもさまざまな弊害をもたらしている。

長時間労働による、健康への悪影響や生活へのしわ寄せが社会問題になっている。働きかたに関する意識調査では、所定労働時間を超えて働く理由として、一〇・三パーセントの人が「上司や仲間が残業しているので、先に帰りづらいから」と答えている（労働政策研究・研修機構「働き方の現状と意識に関するアンケート調査」二〇〇五年)。

また有給休暇を残す理由についても、「休むと職場の他の人に迷惑をかけるから」「職場の周囲の人が取らないので年休が取りにくいから」「上司がいい顔をしないから」が上位にあがっている(同機構「年次有給休暇の取得に関する調査」二〇一〇年)。

このような理由によって、残業したり休暇取得をためらったりすること自体がストレスにつながるし、ムダな残業の発生、無用な私生活へのしわ寄せといった弊害を生んでいるのだ。

とあるウェブサイトの相談コーナーに、つぎのような投稿が載っていた。

仕事中に親が危篤だという知らせが入り、上司に帰りたいと伝えたところ、上司から「いま君が抜けられると困る」と言われた。どうしたらよかったのだろう、という趣旨の内容だった。

そこに寄せられた意見の大半が、非情な上司を責める内容のものだった。私が知人に感想を聞いてみても、なんて無理解な上司なのだろうという声ばかりが返ってきた。

しかし私は、かりに相談者が上司の意向にしたがって親の元へ駆けつけるのをあきらめたのだとしたら、上司の非情さよりも、彼の「忠犬ハチ公」並みの哀れさのほうに心が痛むのだ。親の死に目に会えるかどうかというときに、上司から阻止されたら強行突破してでも帰るのがふつうではなかろうか。しかし、それができないのが日本のサラリーマンなのである。

やはり、このような消極的態度は長年にわたる経験の蓄積によって身についたと考えられる。なお、ここでいう経験には、自分自身の直接的な経験だけでなく、他人の経験を見聞きした間接的な経験も含まれる。

それは心理学で「学習性無力感」と呼ばれるものに近い。M・セリグマンらがおこなった動物実験によると、抵抗しても逃げられないようにして電気刺激を与え続けると、やがて逃げられる条件のもとでも、動物は逃げようとしなくなる。どうせ抵抗してもムダだと思うようになるからである。

親が危篤でも、上司の意向にしたがってしまう部下の態度に象徴されるように、多くの日本人が自ら主体的な行動がとれないのは、自己主張をたびたび抑圧されてきた経験から身についてしまった悲しい性なのだろう。

「イヌ型」忠誠の行く末

それが自己犠牲の範囲にとどまるのなら、まだマシだといえるのかもしれない。ところが、イヌのような無条件の従順さは、単なる自己犠牲にとどまらず、ときには他人を巻き込んだり、重大な犯罪を引き起こしたりする深刻な問題へと発展するのだ。

昨今、続発している組織不祥事がまさにそれである。日本を代表する大企業や全国各地の自治体、警察で発生したおもな不祥事の原因を探ってみると、その大半が、上からのプレッシャーを受けた部下によって引き起こされたことがわかる（太田二〇一七）。しかも「忖度《そんたく》」という言葉が二〇一七年の流行語になったことが物語るように、直接命令されなくても、社内の空気や上司の意向をくみ取って法を犯したり、社会に不利益をもたらしたりしてしまうのである。

イヌは周りの空気を素早く読んで、仲間と共同歩調をとる。また飼いイヌは一家の主人がだれであるかをすぐに見抜き、忠実にしたがう。社内の空気にしたがい、違法であろうと何だろうと上司に追従するのでは、イヌとまったく変わらない。

当然ながら、彼らに善悪を判断するだけの知識や能力がもともと欠如しているわけではない。それどころか、不正に手を染めた人たちの多くは、いわゆる有名大学出身の秀才、組織のなかでの評価が高い優等生タイプなのである。それだけに問題の根が深いのだ。

権威を無批判に受け入れる人間は理性を失い、どのように残忍なことでもやりかねない。それを裏づける実験がいまから半世紀ほど前におこなわれた。

実験では、教師役の被験者と生徒役の人（さくら）が一つの部屋に入れられ、生徒役の人だけ電気いすに縛りつけられた。そして実験者から、生徒役の人が答えを間違えたら、教師役の被験者は、そのたびに一段ずつ強度を上げながら電流を流すように言い渡された。

実験がはじまると教師役の被験者は指示にしたがって電流を流し、生徒役の人は高圧の電流によってもがき苦しむ演技をした。ところが被験者は、目の前にいる人がもがき苦しむ姿を目にしながらも、ためらうことなく電流を流し続けたのである（ミルグラム 一九八〇）。

第二次世界大戦の戦禍として知られる、ナチス・ドイツによるユダヤ人虐殺。その指揮官だったアドルフ・アイヒマンの名を取って「アイヒマン実験」と呼ばれたこの実験では、ふつうの人間が有能な仕事ぶりを示そうと平気で残忍なおこないをすることを明らかにした。

権力者に対する無批判の忠誠と、周囲への同調が強いられる社会では、いつアイヒマンのような人間があらわれても不思議ではない。

（2）優等生が危ない！

素直なよい子が急に……

大企業で順調に育ってきた社員が急に挫折したり、メンタル面に不調をきたして休職したりするケースが増えているといわれる。

彼らの多くは、子どものころからまじめに勉強し、品行方正で学校の成績もよく、家庭では親の期待を一身に集めてきた。その期待に応えようと常に努力を怠らず、自分のイメージを壊さぬよう無意識のうちに自分にプレッシャーをかけ続けてきた。それが限界を超えたとたん、パンクしてしまうのである。

一方的な従順さ、周囲への過剰な同調を求める環境が、個人の内面にどのような作用をもたらし、その行動に悪影響を及ぼすのか。専門家の力を借りながらそれを説明しよう。

中学・高校の教師としての経験があり、刑務所で受刑者の更生支援にも携わってきた臨床教育学者の岡本茂樹（元　立命館大学教授）は、家庭や学校で「いい子」扱いされて育った子が突然、大きな問題行動を起こすケースが多いと指摘する。「いい子」を演じるためには、ほんとうの自分を抑圧しなければならず、それがいよいよ抑えきれなくなったときに爆発し、非行や犯罪に走る場合が少なくないのである（岡本二〇一六）。

もちろん大多数の「いい子」は、非行に走るよりほんとうの自分を抑圧し続け、それが限界に達したときに燃え尽きたり、脱落していったりする。

実は私も、大学でそのようなケースをたびたび目にしてきた。前日まで（表面上は）とても熱心に研究していた大学院生が突然、退学を申し出てくるとか、無遅刻無欠席で明るくふるまっていた学生が、急に大学へ来なくなるというケースがいくつもあった。

振り返ってみると、彼らは例外なく従順で自己主張することがなかった。彼らの口から「いやです」とか「できません」といった言葉が発せられるのを、一度も聞いたことがない。もっと本音を吐露させ、自ら行動する機会を与えてやればよかったと反省したものである。

この点について少し敷衍《ふえん》すれば、職場でも表彰されたりほめられたりした人が、期待に応えなければならないというプレッシャーに耐えきれず、辞めていくケースが少なくないそうだ。

ある私立病院では毎年、経営者が全職員のなかからMVP、すなわちもっとも実績のある職員を選んで表彰し、かなり高額な副賞を贈っている。ところが、受賞者の大半が短期間のうちに退職してしまうという。諸条件を考慮すると、おそらく受賞が重荷になったのではないかと想像される。

考えてみれば、相手の行動をたたえたりほめたりすることは、もっとがんばり、もっと成果をあげるよう促しているのと同じことなのである。しかも、たたえられたりほめられたりすると、そこには自分の名誉や自尊心がからんでくるので、期待に応えなければならないというプレッシャーはいっそう大きくなる。

その点、食品関係を扱うある中小企業の社長がとった対応は見事だった。

この会社では、優れた業績をあげた社員に対し、高級な自動車などを含め、超豪華な賞品を数々贈っていて、テレビでも取りあげられた。受賞者は、当然のように賞に込められた期待を重く受け止め、授賞式では「この賞に恥じないよういっそう努力します」と模範的な挨拶をした。すると社長は、「いや違うんだ。これはいままでの業績に対して贈るのだから、また賞がほしければ、がんばればいいし、ほしくなければがんばらなくてもいいよ」と応じたそうだ。

プレッシャーをかけないための心憎い配慮である。

「自分を出せない」若者たち

意図しない形で相手を追い込んでしまうことはよくあるものだ。

先に引用した岡本は、同書のなかで、罪を犯して少年院に入った少年の再犯率が高い事実をとらえ、その背景にある少年院教育の問題点をつぎのように指摘している。

少年たちがほんとうに立ち直るためには、彼らが自発的に自分の問題をみつめる「内省《ないせい》」が不可欠である。ところが少年院では、規律や規則がとても厳しく、内省の機会を奪っている。たとえば、少年たちが犯罪の文化に染まったりグループ内で力関係が生まれたりするのを防ぐため、少年院では基本的に二四時間すべてにおいて私語が禁止されている。

そのような抑圧的環境のなかでは、少年たちが自発的に内省することが困難だというのである。そして人の指示がないと自分から行動しなくなり、自主性も奪われていく。その結果、出所しても非行をしないような新しい人間関係がつくれず、非行をしていたころの悪い人間関係に戻ってしまうと指摘する。

岡本が一貫してうったえているのは、『いい子に育てると犯罪者になります』という本のタイトルどおり、周囲の大人が必要以上に「いい子」にさせてしまうことの危険性である。それは大人の側がよかれと思っているだけに、いっそう始末が悪い。どこまでも「いい子」になるよう要求し、子どもを追いつめてしまう。そのことについて大人自身、自覚も反省もないだけにブレーキがかからないのである。

それは子育て一般についてもいえることである。

「完璧を求める子育てが子どもを行き詰まらせる」

豊富な臨床経験と調査結果を基に、このように警告するのは精神科医の原田正文である。原田も岡本と同様、思春期で行き詰まる一つの典型的なタイプは「素の自分を出せない、出し方がわからない」とうったえる若者たちだという。

一方で原田は、いまの日本の親子関係において、親が子どもを管理し支配する傾向が強くなっていることをデータで明らかにし、それが、こうした若者を増やしているのではないかと指摘する（原田 二〇〇八）。「贔屓《ひいき》の引き倒し」ではないが、よりよい子、より優秀な人間に育てたいという親心が、皮肉にも、自ら成長しつつある子の足を引っ張ることになりかねないのである。

私も学生や生徒の親と接していて、そうした危険な芽を感じることがたびたびある。

多くの大学では、学生の親が大学を訪問して講話を聴いたり、担任やゼミの教員に相談したりする「父母会」を開催している。ところがそこに参加し、わが子の学生生活や成績について相談にくるのは、客観的にみて、まったく問題がない子の親が多く、ほんとうに問題のある子の親はめったにやってこない。

そして心配事や相談内容は、たいていが取るに足らないことである。なかには「TOEICの得点が八〇〇点だが、もっと高い点を取らせたい」とか、「部活に熱中し、主将を務めているが、あまり熱を入れすぎないように忠告してもらえないか」といった、相談にきたのか自慢をしにきたのかわからないような親もいる。

本人はおそらく、「お子さんは立派に成長していてまったく問題ないですよ」と言われることを期待しているのだろう。実際に、私はそう答えるが、本音を話すことが許されるのなら「あなたのような親御さんがいらっしゃると、お子さんの将来が心配ですね」と言いたくなる。

また私は、子どものやる気についての実証研究もおこなっていたいきさつから、いわゆる引きこもりや不登校の子を持つ親から相談を受けるケースがある。そこでも引きこもりや不登校の原因は、親の子に対する関わりかたにあるのではないか、としばしば感じる。

家では、子どものわがままをすべて受け入れ、まるで腫れ物に触るような扱いをしている親が多い。たまたま子どもが登校したときも、担任に子どもが傷つかないよう特別な配慮を求めたり、行儀のよい子とだけ遊ばせようとしたり、といった念の入れようだ。

これでは、自分から他人に働きかけるとか、問題を解決するといった主体的な行動をとる機会がまったくもてない。自分から働きかけたり、問題を解決したりすることによって、はじめて自信がつき、つぎの挑戦意欲もわく。そのことがわかっていないのである。

人にも「権勢症候群」?

ここまで、主体的に行動する機会を奪うと、自分から行動できない人間が育つことを指摘してきた。ところが最近では、職場を中心に「従順」「受け身」という定評を覆すような若者が出現し、周囲を戸惑わせている。

新入社員の歓迎会では、「僕はほめられたら伸びるタイプなので、叱らずにほめてください」と臆面もなくスピーチする者がいるという。そしてちょっとほめたら図に乗り、上司や先輩に対して無礼な態度をとる。高学歴を鼻にかけ、自分は学歴の低い先輩社員より仕事ができると勘違いする。そして失敗したら他人のせいにし、自分で責任を取ろうとしない。いわゆる「オレ様社員」である。

一見すると彼らは、これまで述べてきたような若者像とは正反対なようだ。しかし、実はそうではない。自分をコントロールしたり、自ら主体的に周囲と関係をつくったりできないのは、「指示待ち族」と同じで表に出る態度や行動が対照的なだけである。

飼いイヌには「権勢症候群」という困った症状がある。ふつうは飼い主に従順なイヌが、甘やかされて育つと、自分がリーダーであると勘違いし、飼い主のいうことを聞かなくなる。気に入らないと人に牙をむいたり、嚙みついてきたりする。

人間も抑圧され、あるいは無言の同調圧力のもとで育てられると、自分をコントロールする力や習慣がつかないので、重しがとれたとたんに制御不能になる。

最近の新人は、ちょっと気に入らないことがあるとすぐに辞めるので、腫れ物に触るように扱っていたら、だんだんとつけ上がり、手がつけられなくなったという話をよく耳にする。しかも彼らは、甘やかしてくれる相手にはとことん甘えるが、見知らぬ世界に飛び込んだり、修羅場に挑んだりすることはできない。いわゆる内弁慶なのだ。

忠犬と権勢症候群が紙一重であるように、「指示待ち族」と「オレ様社員」は隣り合わせであり、人を「イヌ扱い」して育てた結果である。自由と自己責任、不自由と無責任はセットだということを忘れてはならない。

部活が運動嫌いをつくる

「イヌ扱い」されてきた教育の体験は、トラウマとなって、いつまでも心のなかに残る。それを痛感させられることがある。

私が通っているスポーツジムには、三度の飯より走ることが好きだという人がたくさんくる。彼らは各地で開かれる市民マラソンに片っ端から応募するし、真夏の炎天下だろうと雨のなかだろうと暇さえあれば走っている。

ところが彼らに、子どものころから走るのが好きだったのかと尋ねると、たいていの人が首を横に振る。意外にも、走るのは嫌いで苦手だったという人が多い。彼らにとって、体育の時間に走らされたことと、いま走っていることとはまったく別であり、同じように走っているという自覚さえない。

走ることだけではない。テニスや野球、スキーや水泳にしても、大人になってから楽しんでいる人は、学校時代に少々かじった程度の人が多く、部活で本格的に鍛えられたという人は案外少ない。

それまで本格的に打ち込んだことのない人が、たまたま周囲の人に誘われたり健康のためにやってみたりすると、思っていた以上にできたということがある。何よりも楽しい。しかもマイペースでやれる。そして続けるうちにどんどん体力がついて、技倆《ぎりよう》も上達し、記録も伸びていく。自分にもこんな才能があったのかと気づき、ますますのめり込んでいく。

なかには、学校時代にたいしたスポーツ経験がないにもかかわらず、中年になってから独学ではじめたマラソンで、各地の大会を制覇し、年代別の最高記録をつぎつぎと塗り替えた人もいる。

ところが、学校時代に部活などで徹底して鍛えられ、それなりの成績を残した人の多くは、意外にも大人になってからはスポーツを続けていない。それでいて学校時代と同じだけ食べるので、典型的なメタボになる。

彼らの記憶には、半強制的な団体行動や厳しい練習が深く刻み込まれているので、運動といえばそのイメージが呼び覚まされ、運動から彼らを遠ざけているようだ。なかには長いブランクを経て再開する人もいるが、中年太りした体でやってみても、かつてのように体は動かないし記録も当時には遠く及ばない。だから結局、すぐやめてしまう。

文部科学省の学習指導要領には、体育の目的として「心と体を一体としてとらえ、適切な運動の経験と健康・安全についての理解を通して、生涯にわたって運動に親しむ資質や能力の基礎を育てるとともに健康の保持増進と体力の向上を図り、楽しく明るい生活を営む態度を育てる」（傍点筆者）と記されている。

しかし彼らをみていると、学校時代の部活や体育は、運動に親しむ基礎を育てるどころか、「運動嫌い」をつくっているのではないかと思ってしまう。

競技力にも悪影響を及ぼす恐れ

しかも無意識のなかに埋め込まれたトラウマは、スポーツ選手の競技力にも悪影響を及ぼすようだ。

神戸製鋼ラグビー部を率いて日本選手権七連覇の偉業を成し遂げた故平尾誠二は、日本人選手の弱点を著書のなかで鋭く指摘している。

とくに興味深いのは、元オールブラックスの選手で、神戸製鋼にもいたブレア・ラーセンが語っていた「ニュージーランドも日本も、選手の技術は大して変わらない。ただ、『ここぞ！』というときの頑張りが全然違う」という話だ。

さらに平尾によると、ニュージーランドの選手には、どんな状況でも手を抜かない強靭な精神力が備わっているという。対照的なのが日本人選手であり、彼は次のように述べている。

「日本人はきつくなると自分に言い訳をして力を緩めてしまうのだ。だから、肝心なところでもスクラムが最後までもたない。ここで少しくらい力を抜いても誰にもわからないだろうと、無意識のうちにすっと力を抜くのは、日本人の良くない習慣だとわたしは捉えている」（平尾二〇一七、一五九頁）

自主性を尊重しなければ、困難なことに取り組む姿勢が身につかないと彼は強調する。

陸上競技の指導者もかつて、苦しいトレーニングを重ねるうちに頭のなかにリミッターのようなものができて、無意識で自分にブレーキをかけてしまうと語っていたのを聞いたことがある。それは、おそらく動物にもともと備わっている防御本能、苦痛回避本能のようなものが働くからだろう。逆に、楽しければ快楽志向本能が働いて一〇〇パーセント以上の力が発揮されるのではないか。

もちろんスポーツにかぎった話ではない。カラオケが趣味で一度マイクを握ったら離さないような人のなかには、学生時代に音楽の時間に独唱させられるのが死ぬほどつらかったという人がいる。それがいまでは、お金を払ってまで歌っているのだ。彼らも音楽の時間に歌わされたのと、いまカラオケで歌っているのと、同じことをしているという自覚さえないのだろう。

勉強もまた同じだ。大学でも最近は授業で出席をとるケースが増えているためか、出席をとらなければ、いくら役に立つ講義でも学生は聴きにこない。詰め込み式の受験勉強によって、勉強イコール苦行というイメージがしみこんでいるのだろう。一流大学を卒業しながら、社会人になったら骨のある本はまったく読もうとしないのも、そのせいではないかと考えられる。

いずれにしても「イヌ扱い」することで、本来備わっている意欲や才能の芽を摘んでしまうわけである。

(3)精巧な調教装置

「イヌ扱い」を続けてきた理由とは

なぜ日本人は、学校や会社をはじめ家庭や社会でも人々を「イヌ扱い」し続けてきたのだろうか。

その理由は二つある。一つは、時代の要請にあっていたから。そしてもう一つは、少なくとも短期的には管理する側にとって都合がよかったからである。

日本は明治時代以降、欧米に「追いつけ、追い越せ」をスローガンにひたすら努力し、発展を遂げてきた。その過程では、いつも欧米に目指すべき目標があり、それを日本流にアレンジして取り入れればよかった。こうしたキャッチアップの時代において、人に求められるのは素直さ、和や秩序を乱さない協調性、それに知識や吸収力、正解に素早くたどり着く力といった受験秀才型の能力である。

さらに工業社会、とりわけ少品種大量生産の時代には、規格の決まったものを正確かつ迅速につくることが何よりも大切だった。そこで働く人に求められる姿勢や能力もキャッチアップに求められたものと、ほぼ同じである。しかもそれは製造現場にかぎらず、事務や販売などの仕事でも同じだった。

いずれにしても、従順さや協調性こそが何よりも優先されたわけである。一方、一人ひとりの個性や独創性、主体性などはそれほど必要とされなかった。必要とされないどころか、それを発揮されると、せっかく輸入したシステムが再現できなくなるし、作業現場では生産システムが乱れてしまう。

したがって、たとえ表向きは「個性尊重」とか「主体性をもて」といいながら、実際には個性も主体性も排除されることが多かったのだ。人間にとって最大の強みを生かすことも、自分を表現することも封印されていたわけである。

「イヌ型」人事管理の五点セット

欧米へのキャッチアップ、工業社会に適した従順で周囲と協調できる人間――。

日本の会社のなかには、そうした人材を育て、望ましい態度や行動を引き出すための装置が、いくつも用意されている。代表的なものをあげよう。

一、大部屋主義

海外では、企業でも役所でも、一人ひとりの職務が明確になっていて、オフィスは個人のスペースが個室か仕切りで区切られている。役所の窓口でさえ、一人ひとりが個人のブースに入って仕事をしている。

それに対して、日本では個人の職務が不明確であり、課や係、あるいは上司や部下といった集団単位でする仕事が多い。オフィスも大部屋で一人ひとりを隔てる仕切りがなく、課や係の単位でみんなが向かい合って仕事をする。

そのため部下は、上司から常に監視されているような気分になる。そして周囲とペースを合わせて働く必要があり、周りと違った言動をすることは戒められる。

二、ホウレンソウ

「ホウレンソウ」とは、報告・連絡・相談の意味であり、入社すると直ちにそれを徹底するようたたき込まれる。つまり、自分の判断で行動することは許されないわけである。もちろん海外の企業でも、報告や連絡は必要だがその程度に大きな開きがある。同じ製薬メーカーで日本企業からアメリカ企業に転職した社員は、「日本では毎日仕事の報告を求められたが、こちらでは年に一度でよい」と語っていた。

もっとも、すべての日本企業が徹底した「ホウレンソウ」を奨励しているわけではない。岐阜県にある未来工業は、労働時間が驚くほど短く生産性が高い会社として知られている。この会社では、社内のいたるところに「常に考える」という看板を掲げるなど、社員に頭を使って考えさせる一方で、「ホウレンソウ」を禁止している。その理由について、前社長の瀧川克弘はつぎのように語っている。

「それは、指示待ち人間をつくってしまうということです。『ホウレンソウ』が日常のルーティンになると、部下は指示がないと動けなくなってしまう。いま、ミドル世代の判断力が劣っているとか、決断力がないということがよく問題と

されていますが、『ホウレンソウ』の影響が大きいと私は考えています」（藤沢 二〇一六、一六四頁）

三、減点主義

とりわけ伝統的な大企業では、終身雇用の大枠が維持されている一方で、役職ポストの数はかぎられている。そこでは一度脱落すると復活できない「トーナメント型」の出世競争が繰り広げられる（花田 一九八七）。

したがって、大きな失敗をせずに生き残った者が、最終的に幹部へ登りつめるわけである。また給与や賞与もあらかじめ総額が決められた人件費を配分するため、相対評価、減点主義になりがちで、社内では足の引っ張りあいが起きやすい。何をするか、どれだけ成果をあげるかよりも、いかにミスをしないかに大きな関心が払われるわけである。

四、情意考課

一般に、人事評価（人事考課）は能力、成果、情意の三要素からなる。そのなかでも日本の場合は情意、すなわち態度や意欲のウエイトが高いところに特徴がある。いうまでもなく態度や意欲はきわめて抽象的で、評価者の判断に大きく依存する。そればかりか能力や成果でさえ基準があいまいなので、評価する側の主観や私情が入りやすい。

かつて、サラリーマン川柳の入選作に「成果主義、最終評価は好き嫌い」という句があったが、まんざら事実に反する揶揄や皮肉ではない。

評価する上司の立場からすると、素直で従順な部下のほうがかわいいし、扱いやすい。そのため、どうしても自己主張の強い部下より、従順な部下に評価が甘くなりがちだ。部下はそれがわかっているので従順にふるまうわけである。

五、会社主導の異動・転勤

人事異動や転勤は、サラリーマンとその家族の職業生活、ならびに生活全体を大きく左右する。辞令一本で人生が変わるわけである。それゆえ社員が会社に対していちばん恐れるもの、言い替えれば会社が社員をコントロールする最大の武器が人事権である。しかも日本の組織はとくにそれが強力なのである。

欧米企業の場合、個人の仕事の分担と権限、仕事内容が契約で明確に決められている。したがって、会社が一方的に異動や転勤を命じることはできない。一方、日本企業ではそれらが不明確であり、会社は事実上自由に社員を異動させ、転勤を命じることができる。そして異動や転勤には、上司の意見もかなり反映される。かりに、上司が部下の自分に対する態度が気に入らないからと異動させたとしても、仕事も評価基準もあいまいなので不当な異動だと立証することは難しい。

社員からすると、人事部と上司に首根っこを押さえられている以上、会社や上司に対して従順にならざるをえないのである。

これらは、従順で周囲と共同歩調をとる人材を育てるのに有効であり、実際に大きな役割を果たしてきた。いわば「イヌ型」人事管理の五点セットである。

もちろんそれだけではない。雇用の入り口でも、従順で使い勝手のよい優等生的な人間を選んで採用する。しかも彼らは、キャッチアップ型経済、工業社会に必要な能力を持ち合わせている。

多くの企業が、建前では個性重視や実力主義を唱えながら、実際には受験秀才型の人材を好んで採用する。それは、会社側のニーズと受験制度とが本音の部分では一致していたことを示している。旧来の受験制度や学歴主義が世間の批判を浴びながら生き残ってきたのには、このような背景があったからだと考えられる。

制度に過剰適応した「イヌ型」の人材

当然ながら子どもたちは、その学歴社会で勝者になることを第一目標に努力してきた。そして親もまた、わが子をサラリーマン社会の勝者になるよう懸命に後押ししてきた。

大学入試を最終目標とする日本の受験制度では、とくに正解の決まった問題を正確かつ迅速に解く能力が問われる。逆にいえば、それ以外の能力や資質、態度はどうでもよいわけである。したがって、もっとも効率的に受験を勝ち抜くためには、与えられた問題を解くことだけに専念する習慣を身につける必要がある。

早ければ小学校からはじまり、大学入試まで続く長期間の受験生活で身についた習慣は、そう簡単には抜けない。そのうえ、就職後に求められる姿勢や態度も、上述したように受験生時代と大きくは変わらない。

要するに、世間で批判されることの多い「指示待ち族」は会社のなかだけでなく、学校時代から続く現在のシステムがつくりあげてきたわけである。

その影響をうかがわせる調査結果がある。


国立青少年教育振興機構（「高校生の勉強と生活に関する意識調査」二〇一六年実施）は、アメリカ、中国、韓国、日本の高校生、計七八四五人を対象に比較調査を実施した。その結果には、日本の高校生の「受け身」の姿勢が鮮明にあらわれている。

たとえば日本の高校生は、「授業中、きちんとノートをとる」という回答が他国に比べて多い一方、「グループワークの時には積極的に参加する」「授業中、積極的に発言する」との回答は極端に少ない（左頁の図参照）。また、「ボランティア活動」

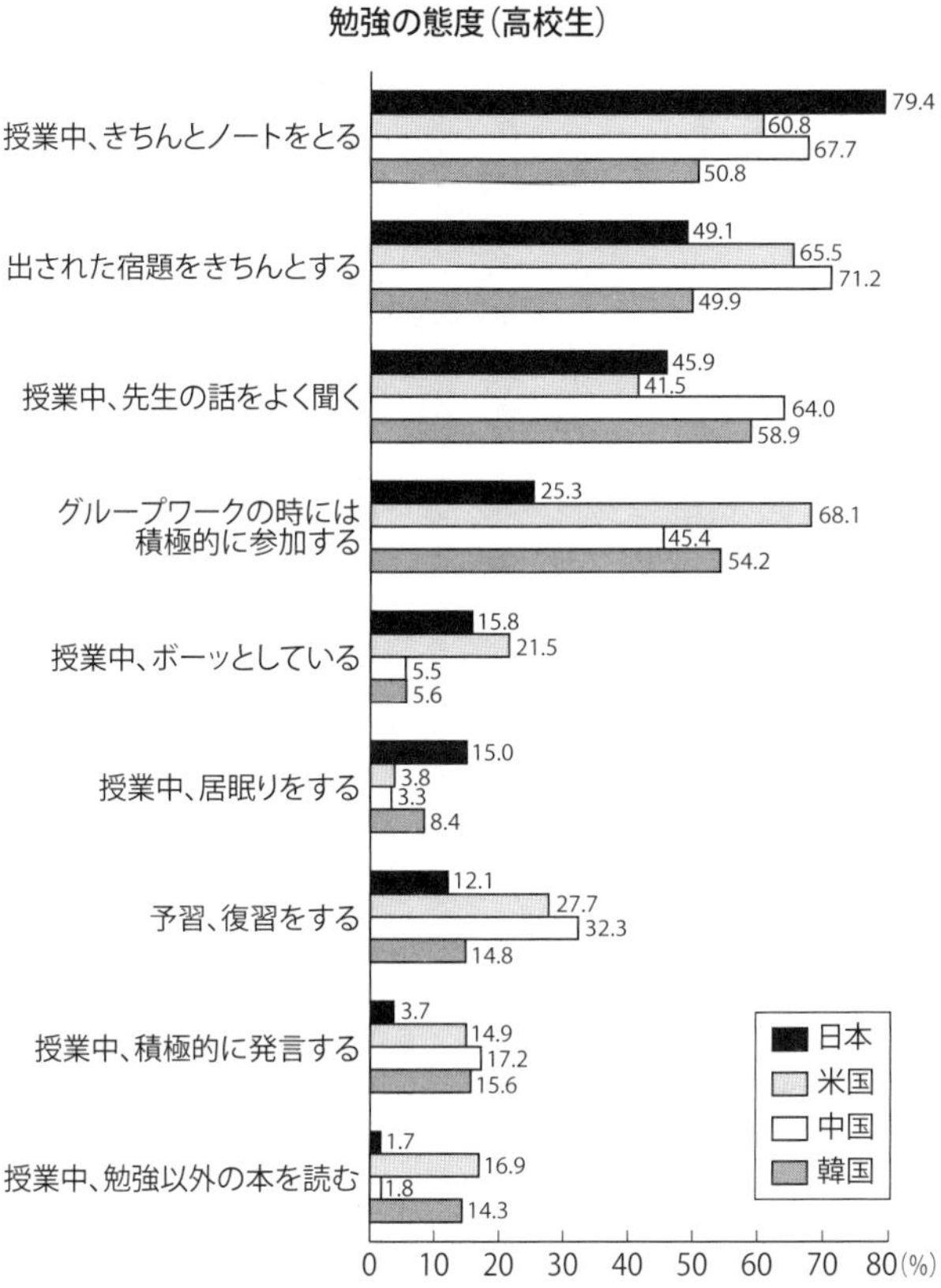

注：ふだんの勉強で、上記のようなことがどのくらいあるか（「よくある」と答えた割合）

や「商店や企業等で実際の職業を体験」したことがあるという回答はもっとも少なく、それらが好きだという回答も最少である。

また、彼らは「教科書に従って、その内容を覚える授業」が多く、「個人で調べたり、まとめたり、発表する授業」や「グループで課題を決め、考えたり調べたりする授業」は少ないと答えている。

つまり、日本の高校生に特徴的な受け身の姿勢は、教師が生徒に一方的に教える授業スタイルが関係しているといえそうだ。

そして、その延長線上にあるのが大学入学後や、さらに就職後の消極的な姿勢である。

かなり古いデータだが、総務庁（現 総務省）青少年対策本部が一九九三年に一一か国の一八〜二四歳の青年を対象に実施した「第五回世界青年意識調査」によると、日本はいまの職場で勤務を「続けたい」という人が、二七・五パーセントと一一か国のなかで最低であり、逆に「続けることになろう」という人は二八・四パーセン

ト と突出して多い。

ちなみに、近畿大学の松山一紀が二〇一六年に、全国の「上司がいる部下」一〇〇〇人（平均年齢三九・二歳）に対しておこなったウェブ調査（未刊行資料）でも、ほぼ同様の結果が出ている。

「働き続けたい」というのと「働き続けることになろう」というのはまったく違う。日本人に後者が多いことは、そのまま職場への受け身で消極的な関わりかたをあらわしている。

要するに、従順で礼儀正しいが主体性に欠ける「イヌ型」人間は、日本の家庭や学校での教育、ならびに企業の人事管理が一貫した考えかたのもとで育て上げた結果だといえよう。それは家庭や学校にとって、また企業にとっても扱いやすく、時代の要請にもかなっていたのだ。

一方で、「イヌ扱い」された個人の側にも、自分の意見を主張したり、主体的な行動をとったりするより、従順で受け身な態度をとっていたほうがトクだという計算が働いていたことは否めない。

かくして、日本は世界でもまれにみる「イヌ型」社会になったわけである。

クセはなかなか直らない

このように「イヌ型」マネジメントや「イヌ型」社会は、日本が置かれた立場や環境にうまくマッチしていた。問題は、企業や社会を取り巻く環境が大きく変化しても、それがなかなか変わらないところにある。

すでに述べてきたが、日本は明治時代以来、欧米に追いつき追い越そうとひたすら邁進し、工業社会でめざましい発展を遂げてきた。しかも、それが長期間続いてきたので、「イヌ型」のマネジメントは経営の世界にとどまらず、教育の世界やその他の社会制度にまで裾野を広げ、さらにそのエートス（精神）は人々の価値観や思考にまで深く浸透している。

そのためキャッチアップの時代が終わり、ポスト工業社会に入っても組織や制度、慣行は「イヌ型」からなかなか脱却できない。教師が生徒に、上司が部下に対する関わりかたも自然と「イヌ型」になってしまう。たとえ理屈のうえでは自発性を尊重しよう、個性を大切にしなければならないと考えるようになっても、ついつい干渉したり、周りとの同調を促したりしがちになる。私はそれを「キャッチアップグセ」「工業社会グセ」と呼んでいる。

だれでも経験するように、クセは少々意識しても、なかなか直らないものである。ところが、いきなり厳しい現実を突きつけられるなどして、考えかたが根本から変わり、クセが直ることがある。次章でその実例を紹介しよう。

第2章　「ネコ転」で別人に変わる

（1）「パートのおばちゃん」がいると新人が辞めない

アニマル・セラピーはなぜ効くのか？

同志社大学の社会人大学院生だった中村智帆が、二〇一七年に「動物介在プログラムの組織的機能に関する評価研究」という興味深い博士論文を発表した。

少年院、児童自立支援施設、子ども医療センター、介護老人保健施設などで、動物とふれあったり、動物の世話をさせたりする「動物介在プログラム」を取り入れたところ、入所者に注目すべき効果があらわれたという。

たとえば子ども医療センターでは、子どもがイヌに触るだけで、やる気や勇気がわいたとか、介護老人保健施設では、老人がイヌを抱擁したり触ったりすることで、リハビリや発語の効果がみられたそうだ。また、傷害事件や暴力事件などで荒れていた中学校に「学校犬」を取り入れたところ、イジメや不登校が解決したというケースも報告されている。

動物を介在させて治療することを「アニマル・セラピー」と呼び、欧米ではかなり古くからおこなわれている。そして、実際にペットを飼うことで、伴侶を亡くしたストレスによる抑うつ状態を防ぐとか、心筋梗塞にかかった人の延命率が三倍近く高まるといった効果が明らかになっている(横山一九九六)。

アニマル・セラピーを受ける側として、一人っ子、不登校、精神的・身体的・性的虐待児、親がいない子ども、それに高齢者、終末期医療、後天的慢性疾患、先天的慢性疾患、身体機能障害者、犯罪傾向にある人、精神障害者などがあげられている(同上、三五〜三六頁 表現は原文のまま)。

私が注目したのは、アニマル・セラピーの対象者のほとんどが、ふだんは従属したり世話をされたりする立場の人、すなわち行為の客体だというところである。それが動物の介在によって立場が逆転し、自分が世話をする側、すなわち行為の主体になったか、少なくとも一時的にせよ、本書でいう「イヌ扱い」から解放されたわけである。

再犯者がゼロになった少年院

さらに私が目を引かれたのは、アメリカのマクラーレン少年院のケースである。今西乃子(二〇〇二)によると、少年院の敷地内にある犬舎《けんしゃ》では、子どもたちが捨てられたイヌの世話とトレーニング(しつけ)をおこなったうえで、新しい飼い主を探す「プロジェクト・プーチ」というプログラムを取り入れている。

このプログラムでは、まずイヌ一匹に対して担当の少年を決め、彼が三か月から一年の間、そのイヌの世話とトレーニングをすべておこなうのだ。さらにトレーニングが終わったら、イヌの飼い主をみつけるためのチラシや広告も少年たちがつくる。

新しい飼い主がみつかったら、その飼い主は一七五ドルをプロジェクト・プーチに払い、そこから食費や経費を除いた五〇ドルを、世話をした少年に渡し、そのお金を預金などにして社会復帰後に役立てられるようにしている。

特筆すべき点は、このプロジェクトをこなした少年院の子どもたちは、すでに一

○○人を超すが、再犯者は一人もいないということだ（同上、一五三頁）。
前章で述べたように岡本は、少年院に入っていた少年の再犯率が高いことの背景に、二四時間私語が禁止されているなど、あまりにも厳しい規律や規則があると指摘していた。

これらの事実を総合すると、動物の介在によって子どもや各種施設の入所者は一方的なタテの関係による従属的立場（イヌ扱い）から解放され、それが自発的な行動を引き出したり、自分を律する力を育てたりする効果をもたらしたのではないかと考えられる。

さらに「はじめに」でも述べたように、学生はゼミやサークルに後輩が入ってくると、がぜん張りきる。そばでみていても、彼らの体内にアドレナリンがわき出ているのを感じる。教室で授業を受けているときや、先輩から指導や助言を受けているときの消極的な態度と、後輩にアドバイスを送ったり食事に誘ったりするときの態度は、まるで別人のようである。

たしかに目の前に新しい人がいれば、物珍しく、好奇心が刺激される。でも、それなら新入生の側も同じはずだ。しかし、新入生の側にはアドレナリンがわいているようには感じられない。むしろ、不安と緊張感で縮こまっている学生が多い。やはり、後輩ができて「イヌ扱い」される立場から解放されたこと、さらにいえば自分が後輩を「イヌ扱い」できる立場に回ったのではつらつとしているのだろう。

メンティーよりメンターが育つ現実

同じようなことは会社や役所などの職場でも起きている。

新入社員が入社早々に辞めていったり、精神的な不調をきたして休職したりするケースが少なくない。本人にとってはもちろん、会社にとっても大きな痛手だ。そこで近年、入社数年の先輩社員に、仕事と生活の両面において新入社員の面倒をみさせる「メンター制度」を取り入れる企業が増えている。いわば職場の「お兄さん」「お姉さん」になってもらうわけである。

ところが実際に、その制度を導入した企業で聞いてみると、「はじめに」でも述べたとおり、必ずしもねらいどおりの効果があがっていないというのである。その一方で、皮肉にも、メンター自身のモチベーションは間違いなく上がり、目にみえて成長するといわれる。

このように自分が「イヌ扱い」される立場から解放され、逆に相手を「イヌ扱い」する立場に回ると、がぜんやる気がわき、責任感もついてくることがわかった。

しかし、お気づきかと思うがそこには大きな問題が残されている。「イヌ扱い」する立場に回った人はよいかもしれないが、「イヌ扱い」される立場の人がいる以上、問題は解決されていないのである。そこにみられた成長や意欲の向上は、「イヌ扱い」される人の犠牲によって生じたともいえる。

そういえばアニマル・セラピーで用いられた動物は、ネコなどではなく圧倒的にイヌが多い。服従本能の強いイヌだったからよかったわけである。いずれにしても、相手が人間の場合には問題をただ次の世代に先送りしただけ、という話にもなるだろう。

では、自分も相手も「イヌ扱い」から解放され、恩恵を受けるにはどうすればよいか。

それは、自分も相手も「ネコ」になることである。ネコは人間に管理されたり、コントロールされたりすることを極度に嫌う。同時に、権勢症候群にかかるイヌのように、相手を自分にしたがわせようともしない。つまり、イヌはタテの関係を好むのに対しネコはヨコ、すなわち対等な関係を好むのである。人間も基本的にネコのような関係をめざせば、自分も相手もウィン・ウィンになれるはずだ。

では、ネコのように対等な関係とはどのようなものか。具体的な事例をもとに考えてみよう。

「パートのおばちゃん」と新入社員との関係

以前、複数の会社の人から、職場にパートのおばちゃんがいると新人が辞めないという話を聞いたことがある。実際に若手社員に聞いてみても、入社したころはパートのおばちゃんだけが職場で本音をぶつけ合い、対等な会話ができる相手だったと語る。

右も左もわからない新入社員にとって、上司や先輩はちょっと距離のあるところにいる存在だ。仕事でも職場生活についても、自分が一方的に指図されたり教えられたりする受け身の立場である。しかも、少子化で若手が少なくなったうえに、近年まで新卒採用が抑制されていたこともあって、周りは五つも六つも、場合によっては一〇歳以上も歳が離れた人ばかりとなる。気楽に話したり、こちらから誘いかけたりすることはできない。そのため、だんだんと孤立感や寂しさがつのり、会社を休んだり、辞めていったりするケースが後を絶たない。

けれども、そこにパートのおばちゃんがいると様相が変わってくる。しかも彼らにとって幸いなことに、近年、正社員をパートやアルバイトに切り替える企業が多く、店舗や製造現場などで、新人の社員が彼女らに囲まれて仕事をしている光景はごくふつうにみられるようになった。そこでは、年齢や経験・知識はパートのおばちゃんのほうが圧倒的に上だが、制度上は正社員がパートに指図するという交差的な関係ができる。すると、つぎのような会話が生まれる。

パートのおばちゃんは、自分の子か孫のような新人に対して、「しっかりお昼ご飯を食べないと体力がもたないわよ」とか、「そんなにだらしない格好をしていたら彼女に嫌われるよ」といった軽口をたたき、お節介をやく。ときには手づくりのケーキを持ってきてくれたり、ほころびたズボンを繕ってくれたりすることもある。

一方、新人の側も「オレ、けっこう力があるから任せといて」といって重い荷物を運んであげたり、学生時代の自慢話を聞かせたりする。

かつては職場に「斜めの関係」があった

ネコを飼ったことのある人ならわかると思うが、このような関係は飼い主とネコとの関係によく似ている。ネコはイヌと違って一方的にエサを与えてくれたり、かまってくれたりするだけの飼い主にはなつかない。ネコの側から誘いにきたときは、一緒に遊んでやらないと(遊んでもらわないと?)いけないし、獲物をみせにきたときには、感心したそぶりでほめてやらないといけない。主従がしょっちゅう入れ替わる関係こそ、ネコとの上手なつき合いかたなのだ。

もちろんパートのおばちゃんでなくても、新人を「ネコ扱い」することはできる。

私は研究者になる前、しばらく役所に勤めていたが、当時はどこの職場にもほんとうの兄や姉のような先輩がいた。彼らは「上から目線」で後輩に教えたり、助言したりするのではなく、いわば「斜め上」から砕けた態度で私たちに接してくれた。

課長に叱られて落ち込んでいると、「課長はあんな言いかたしかできない人だから気にするな」と慰めてくれるし、ちょっと仕事ができて有頂天になっていると、「たかがそれくらいで調子に乗るな」とたしなめられる。仕事が終われば飲みに連れていって、上司の悪口や職場の裏話をしゃべりながら、こちらのわがままや本音を聞き出してくれる。けっして新人を受け身のままにはしなかった。

ところが、いまはどこの職場でも「兄貴分」「姉御肌」の先輩がめっきりと少なくなった。だからこそメンターという制度で補おうとしているわけだが、残念ながら人間には相性があるし、すべてのメンターが兄貴、姉御のようにふるまえるわけでもない。

職場に、パートのおばちゃんのような存在が必要なのには、日本の組織に特有の事情もある。欧米のホワイトカラーの職場は、いわばプロの集団だ。組織の末端で働く人も、その多くは「○○マネジャー」「△△アナリスト」「××アシスタント」

といった肩書きのついた専門職で、それなりの権限も与えられている。だから自分の裁量で仕事ができる。

それに対して日本では、社員に専門性が乏しく、組織の末端まで権限委譲がおこなわれていない。そのため細かいことでも自分で決められず、上司の判断を仰がなければならない。それだけに対等に話したり、自分から働きかけたりできる相手がいっそう必要になるのである。

(2)監督が投げ出したとたん、連戦連勝!

最弱チームが連戦連勝

かつて、少年野球チームの監督からつぎのような体験談を聞いた。

少年野球の監督には、熱血漢で子どもたちへの思い入れが強い人が多い。彼もその一人で、監督を引き受けてからは何とかして強いチームをつくろうと、子どもたちに猛練習をさせてきたという。試合がない休日は朝から晩まで練習づけで、ミスをした子には大声で雷を落とし、罰としてグラウンドを走らせたり、千本ノックを浴びせたりもした。

しかし、それだけ厳しい練習をさせても、試合になると信じられないようなミスがつぎつぎに飛び出すし、打席に立てば見逃しの三振ばかり。チームはいっこうに強くならず、当然のように負け試合が続いた。

子どもたちにとって厳しいばかりの練習は、楽しいはずがないし、負けが続けば練習でも試合でもますますやる気がなくなる。監督がいないときには、これ幸いと練習をサボる。そのうちクシの歯が欠けるように一人、また一人と辞めていき、いよいよチームの存続さえ危うくなった。

そして、監督も強いチームをつくるという目標をあきらめざるをえなくなってきた。そこで半ば破れかぶれになり、子どもたちに「これからは君たちの好きなようにやれ」と言い渡し、子どもたちがやりたいときにだけ練習させるようにした。そして練習でも試合でも、いっさい命令せず、ミスをしても叱らないことにしたという。

すると不思議なもので、子どもたちのほうから監督にアドバイスを求めてくるようになった。また自ら進んで練習するようになり、監督が不在でも練習をサボる子はいなくなったそうだ。

試合では、見違えるようにファイトあふれるプレーが飛び出し、守備でも自分から連携を取ってミスした選手をほかの選手がカバーするなど、チームワークが格段によくなった。そして、しばらくたつと試合にも勝てるようになり、やがて連戦連勝するようになったという。

極寒の訓練で起きた奇跡

ビジネスの世界にも同じような話がある。

日産プリンス宮城販売で、過去におこなわれた組織革新の事例から抜粋して紹介しよう。なお引用元における全体の文脈と必ずしも一致していないこと、個人名は仮名にしたことをあらかじめ断っておく。

この会社の前身は、従業員一〇〇人ほどの地元資本の自動車販売会社であり、多額の赤字に陥っていた。現社長（当時）の長田が着任する一二年前に現在の親会社が買収し、首脳陣を出向で送り込んでいたが業績はいっこうに好転せず、累積赤字と不良債権は年間総売上げの一七パーセントにまで及んでいた。このような経営状態ゆえに当然ながら社員の待遇も悪く、管理職や主力セールスマンがいっせいに退社するなどして、職場の空気も暗かった。

そのようななかで社長に就いた長田は、二年間で赤字を消すように求められ、猛烈な勢いで改革に着手した。その一環として取り組んだのが意識革新のための教育であり、最高幹部一二人に対して、一〇日間の「センシティビティートレーニング」を実施することにした。

長田は参加者から「親兄弟に万が一のことがあっても帰らない」という一札をとったうえ、家に帰れないような仕組みを考えて山中の一軒家を選んだ。宮城県蔵王の遠刈田温泉から車で二〇分近く登ったところにある蔵王山荘で、一九七三年の正月におこなわれたトレーニングは、缶詰状態のなかで夜までやらされ、どなられたり、おどかされたりする厳しいものだった。

初日の夜、全員の代表だという二人が長田の部屋にやってきて、人間性を無視したものなので即刻中止してほしいと要求を告げた。一時間ばかりの説得によって彼らはようやく引き上げていった。

ところが彼らが部屋に着くか着かぬかのうちに、「大変です！　どの部屋にも、だれもいません……」と二人が飛び込んできた。幹部たちは、年配の二人に長田と話し合わせ、注意をそらしているすきに脱走を図るという作戦をとったのだ。

参加者一二人のうち一〇人が、真夜中に雪の積もる山中に脱走した。長田は講師と助手、残された二人とともに脱走者を追いかけ、温泉旅館を一軒一軒訪ね歩いて、ようやく六人をみつけた。しかし、残りの四人はどうしてもみつからない。三日たって家族に電話をしても、帰っていないという。

脱走した四人は、追っ手の照らす懐中電灯の明かりを山の上からみていて、あちこちに散らばり橋の下、大木の下に潜るなどして隠れながら、一晩を雪のなかで過ごした。翌朝、ほとぼりが冷めたかとみて食料調達に出た四人は、パンと牛乳を売っている一軒の店でばったり再会する。しかし「たとえ親兄弟が死んでも連絡するな」と女房に言って出てきた手前、家には帰れないし、おめおめと研修に戻るわけにもいかない。

そこで、やむなく残りの八日間、やや離れた旅館にこもることになる。最初の一、二日は、社長や会社の悪口を言いながら一杯飲んで気勢を上げていたものの、だんだんと悪口も底をつき、黙り込むようになった。日一日と食事がまずくなり、やがてのどを通らなくなった。

やっと予定の研修が終わった日、四人はふらふらになって自宅に帰ってきた。その夜、彼らは辞表を持って長田を訪ねた。

長田は四人の無事にホッとしつつも、成功すれば共にやれると信じていただけに、夢を失ってがっくりとしていた。そして彼は、東京在職以来二〇年にわたって勤めた会社を辞める覚悟を決めていた。しかし、四人がここで生きていけるようにだけはしておかなければならない。田舎のことである。逃亡者の烙印を押されたままであってはならない。そう思った彼は、四人の辞表を受け取らず、彼ら夫婦を一組ずつ自宅に呼び、三昼夜にわたり夜を徹して説得を続けた。

辞めると覚悟を決めた後の長田は、自分でも意外なほどさばさばしていて、何とかうまくやろうというのではなく、人間同士の素朴な真剣さで四人と話し合った。

すると、四人もすがすがしい心境になっていった。しかも、もう辞めるのだから社長もこわくない。いままでのことをいろいろと思い出して語り合ううち、互いに反省したり、泣いたり、感動したりのドラマとなり、およそ説得などとはほど遠いものになっていった。皮肉にも、センシティビティートレーニングが狙った自己の発見を、自然な形で体験したのである。

この体験によって、長田は「こいつらを教育して叩き直さなきゃ」という己の思い上がりに気がつく。その思い上がりこそが、この出来事の元凶ではないかと悟ることになる。

一方で四人はその後、この会社を背負い、いまの役員の半分を占めている。そしてこの会社では、トップから業績に関する目標や方針が出されなくなったにもかかわらず、業績は群を抜いている。脱走劇から二年半後の一九七五年七月には、石油ショックによる長引く不況のなかにもかかわらず、二年前の自動車好況時の三七六台を上回る四三〇台という新車販売の新記録も生み出した（藤田 一九八九、八〇～九六頁から筆者が抜粋）。

開き直って「楽しい」に徹したら業績がV字回復

倒産寸前だった会社がマネジメントを「ネコ型」に変えたところ、超V字回復した例もある。

京都市に本社を置く衣料・雑貨販売の会社ヒューマンフォーラム。創業から七年が過ぎた二〇〇一年ごろ、増収増益をくり返し、売上げは三五億円程度に達していた。社長の出路雅明はそれに満足し、やる気を失っていた。すると、徐々にサボっていたことのツケが回りはじめ、会社の業績は少しずつ悪化していった。

それを取り戻すため出路は約二年間、仲間の幹部社員とともに何とか業績を取り戻そうともがき続けた。

いわゆるホウレンソウ（報告・連絡・相談）のミーティングを毎週開き、一人ひとり徹底的に業務の報告をさせて、一つひとつの仕事に細かく指示を出した。また幹部社員の全員ととことん議論し、ときには朝の七時まで議論が続くこともあった。組織力強化のための組織改革や人事異動もしょっちゅうおこなっていた。毎日毎日全員で一生懸命働き、幹部社員は休みなしで働いた。

それでも打つ手、打つ手がことごとく裏目に出る形で、業績は回復するどころか悪化の一途をたどっていった。売上げは上がらず在庫が増えて粗利が下がり、経費は増える一方だった。そして、いよいよ会社は倒産の危機に陥った。さらに社内では人間関係のトラブルが発生したり、出路自身もストレスから胃潰瘍にかかったりするなど、ピンチが同時多発的に発生した。

身も心もボロボロになったとき、出路の心に変化が訪れた。それは、「もうどうなってもいいや！」という開き直りである。すると肩の荷が下り、スッキリした心境にいたった。いったん開き直ると強いもので、「会社がつぶれたとしても、別に殺されるわけではない」という気持ちになり、「どっちみち、やるんだったら楽しくやろう」と思うようになった。そして仕事のすべての判断基準を楽しいか、楽しくないかで決めることにしたのである。

たとえば、日々の閉店後につくる営業数値用の報告書は「楽しくないことは極力やめる」という方針にしたがって徹底的に減らし、把握するためだけにおこなっていた作業はすべてやめてしまった。さらに一年半にもわたって、もがき続けてやっと完成した中期経営計画も、「楽しくないから」という理由で一瞬のうちに反故にしてしまった。また「反省会」も楽しくないので廃止し、目標や予算の管理も「良かった会」「ダービー」という名でゲーム感覚にして楽しんでいる。

不思議なもので、かつては焦って求めながらも実現できなかった商品やサービスの「差別化」が、目の前にいるお客さんを喜ばすため、「ちょっとアホ！」になって自分たちも楽しむようにしたところ、勝手にできてしまったのである。

楽しい仕事に徹するようにしてから、社員のやる気も目にみえて高まった。やる気が高まれば成果もあがる。同社の売上げはグングン伸びて年商五七億円に達し、見事にV字回復した。さらに出路自身の病気も完治するなど、すべてが好循環で回るようになったのである（出路からの聞き取りと著書〈出路 二〇〇六〉による）。

なお、この本の『ちょっとアホ！ 理論』という書名は、「ちょっとアホ」なくらい楽しくやるのがいいという、彼の新境地をあらわしている。次章で詳しく説明するが、やはりネコのように遊び感覚で仕事をしているときに、意欲も能力も最高度に発揮されるようだ。

強制をやめたら参加者が増えた

強制やプレッシャーをなくして、「ネコ扱い」すなわち個人の自由に任せるようにしたところ、組織の求心力も増したという話はほかにもある。なかでも象徴的なのが、会社の福利厚生だろう。

一九五〇年代から六〇年代あたりの日本はまだ発展途上で、いまと比べると住宅事情は悪く、国民の生活も豊かではなかった。その時代に大企業は人材を確保し、安心して仕事をしてもらうため、競うようにして福利厚生を充実させた。

とりわけ若い社員にとって、格安料金で入居できる独身寮や社宅はとても魅力的だった。また個人でレジャーを楽しむ余裕がなかったこの時代には、会社が主催する社員旅行や、家族ぐるみで参加できる運動会などのレクリエーションを楽しみにしている人も多かった。それらは大企業社員の特権といってもよく、会社への忠誠心や社員としての一体感を強める役割も大いに果たしていた。

しかし高度成長期も終盤にさしかかった七〇年代あたりには、住宅その他の社会的インフラはかなり整備され、国民生活も豊かになってきた。それとともに企業が提供する住宅やレジャーなどの福利厚生はだんだんとありがたみが薄れてきた。そして九〇年代に入ったころからは、むしろ制度のマイナス面や、影の部分がクローズアップされるようになった。

たとえば社宅の人間関係が煩わしいとか、独身寮では先輩・後輩の関係が窮屈だといった理由で入居を渋る傾向がみられるようになった。また旅行や運動会に休日をつぶされたり、半強制的に参加させられたりすることを嫌がる人も増えてきた。

それでは会社にとって、多額の経費をかけてまで制度を維持する意味がない。折しもバブル崩壊によって不況に突入した時期でもあり、経費節減のため寮・社宅を売却し、レクリエーションも廃止する企業があいついだ。

ところが二〇〇〇年代に入ってから、これらの福利厚生が復活するきざしをみせている。背景にあるのは、やはり優れた人材を確保したいという企業の思惑だ。さらに稀薄化しがちな社員同士のコミュニケーションをよくし、一体感を強めようというねらいもある。

ただ、時代の変化と衰退した過去の反省を踏まえ、人間関係のしがらみや強制色を排除しようという会社側の配慮がうかがえる。

独身寮を例にとると、完全個室で専用のバス・トイレが設置されている。そのうえで民間のワンルームマンションにはないアメニティー空間も用意されている。大手都市銀行や商社、メーカーのなかには、大浴場やフィットネスジム、格安のバーなどを設けているところもある。

旅行やレクリエーションも純粋に社員同士が楽しみ、コミュニケーションをとる機会を与えるという趣旨が徹底されていて、参加する・しないはまったく自由にするなど気を遣っている企業が多い。趣旨を徹底するため、社員旅行を専門の業者にアウトソーシングする企業も増えてきた。職場の飲み会にしても、若手が企画・運営するイベント形式のものが広がっている。企業で聞いてみると、このようなスタイルになってから若手の参加意欲が明らかに高まっているそうだ。

こうした現象を、私は「金魚すくいの法則」と呼んでいる。金魚すくいをするとき、素人は網で金魚を追いかける。すると金魚は逃げ回り、なかなかすくえない。それに対して名人はジッと待っていて、金魚が近づいてきたときに素早くすくいとる。人間も同じであり、囲い込もうとすると反発して遠ざかろうとするが、自由に任せたら結集する。

そうした例は、私たちの身の回りにたくさんある。

たとえば、小学校や中学校のPTAには古い体質が残っていて、いまでも保護者が原則として全員加入するように定めているところが多い。少なくとも慣例上、そうなっている。そして、会員のなかから選挙や抽選で役員に選ばれると、仕事や個人の都合にお構いなしで、会合や行事に出席させられる。そのためPTAに対して、最初から距離を置こうとする人が増え、なかには組織の運営に支障をきたすところも出てきているという。

そこで一部の学校のPTAでは、制度を抜本的に見直し、強制なしの完全ボランティア制に切り替えた。すると総会や行事に参加する人が増えたそうである。参加の強制がいかに逆効果となっているかを物語っている。

「ネコ型」への転換で最高峰に

再びスポーツの世界に話を戻そう。

昨年(二〇一七年)夏の高校野球選手権大会では、大会記録を更新する六八本の本塁打が飛び出し、個人でも広陵高校の中村奨成選手が新記録となる六本のホームランを放つなど、例年にも増して盛り上がりをみせた。決勝戦では、その中村選手を擁する広陵高校を花咲徳栄高校が一四対四の大差で破り、初優勝を遂げた。

その花咲徳栄高校の岩井隆監督は、あるきっかけから指導方針を大きく転換した。

彼は、二〇〇〇年に前監督の急逝で監督を引き継いだとき、選手のミスも許さぬスパルタ式で指導した。それでも思うような結果が出なかった。焦る岩井監督の考えかたを変えたのは、校長だった佐藤照子の一言である。岩井監督は、佐藤校長に「まずあなたが教員として成長しなさい」と諭され、「ミスをしても大丈夫」といえなかった自分の愚かさに気づいたという（二〇一七年八月二四日付「朝日新聞」ウェブ版）。

岩井監督だけではない。智弁和歌山高校の高嶋仁監督は、春夏合わせて三度の全国優勝を成し遂げた名将として知られる。その高嶋監督も、前任の智弁学園高校（奈良県）時代には鬼監督として恐れられ、あまりの厳しさに選手から練習をボイコットされる苦い経験も味わった。それを機に、高嶋監督もスパルタ式の指導方針をあらためたそうだ。

岩井監督にしても高嶋監督にしても、スパルタ式の指導、本書でいう「イヌ扱い」をやめたことが飛躍のきっかけになった。しかし、単に「イヌ扱い」をやめただけでこれだけの成果があがったわけではない。それだけで十分な結果が出るのは、せいぜい少年野球レベルまでだろう。

数千校が参加する全国大会で頂点に立つには、やはり想像を絶するような厳しいトレーニングや技術の習得が必要になる。それを強制なしでやらせるには、選手に高度の自主性を身につけさせる以外にない。実際に両監督とも、スパルタ式の指導をやめたあとは選手の自主性を尊重する方針に切り替えている。

選手の自主性尊重で箱根駅伝四連覇

そして選手の自主性を尊重するといえば、世間の注目を集めた指導者がいる。正月恒例の箱根大学駅伝で東洋大学、早稲田大学、駒澤大学といった強豪校を押しのけて見事に連覇を成し遂げ（二〇一八年まで四連覇中）、一躍脚光を浴びた青山学院大学駅伝部の原晋監督である。彼の著書（原 二〇一六）からの引用にマスコミでの発言などを加えながら、彼の考えかたがどう変わったかを紹介しよう。

陸上界では、厳しいしつけや、監督・コーチへの服従を強いる旧態依然とした指導がおこなわれており、根性論や精神論がたたき込まれる。とくにマラソンや長距離走の場合、強化方法のベースにあるのが修行僧のイメージで、指導者からは「練習中に笑うな」「しゃべるな。黙っていろ」「監督のいうことを聞け」「地味な服を着ろ」などと指示を受ける。

原監督も、二〇〇四年の監督就任時には、昔ながらの練習計画を採用した。実業団出身の彼は実業団並みのハードな練習を課したが、成果があがらないばかりか故障者が半分近くに達するしまつだった。就任後三年くらいたって、旧態依然とした練習方法に疑問を抱くようになった彼は、選手の自主性を尊重する指導に切り替えた。その結果、選手がじわじわと力をつけ、ついに「箱根四連覇」という偉業を成し遂げるまでにいたったわけである。

原監督の方針は一貫していて、常に選手の自主性尊重にこだわり続けている。練習では、いかにすれば目標を達成できるかを自分で考えさせ、本番では「走り出したら自分で輝け」をモットーにしている。

ただし自主性というのは、勝手気ままということではなく、「チーム一丸となって目標に向かうなかでの自主性であり、青学というチームカラーと監督である私のコーチングのもとでの自主性でもある」(同上、五七〜五八頁)と説く。

さらに、つぎのようにつけ加える。

「そうした自主性は一朝一夕《いっちょういっせき》に身につくものではないので、監督やコーチもある程度、誘導していかなければならない。しかし、こちらで答えを出して押し付けるようなやり方だったら、選手たちの自主性が芽生《めば》えることもない。だから、答えを出さずに指導することが必要で、それは指導者がどこまで我慢できるかにかかっていると思う」(同上、五八頁)

こうした考えかたそのものは、いまの時代に特段目新しいものではなく、多くの指導者が同じようなスタイルで選手を指導するようになっている。

ただ自主性の大切さを理解していても、それを実践できるかどうかがポイントである。彼の指導方法がスポーツ界のみならず、若者の扱いに悩む、ビジネスや教育の世界からも注目され脚光を浴びたのは、常に工夫しながら、なおかつブレずに実践しているからだろう。

「夢が実現できる」と確信させる名監督

それでも、大事なポイントはまだ先にある。

「イヌ扱い」をやめ、自主性を尊重するだけでは本気で努力しようという意欲は生まれない。その証拠にスポーツの世界だけでなく、学校でも会社でも「自主的に勉強しろ」「自主的に働け」と口を酸っぱく説いているが、ふつうは「笛吹けど踊らず」である。

それどころか、これまで一方的に指導され、受け身で行動することに慣れている若者の多くは、いきなり自主性を尊重されると戸惑ってしまう。なかにはもっと指示してくれ、引っ張っていってほしいとうったえる若者も少なくない。

そこで必要になる原動力が、自主的に行動する長期的な意欲である。しかも突出した成果を引き出そうとすれば、何か特別なものが必要になる。その「特別なもの」とは魅力的な夢や目標である。

いかに「夢」を「確信」に変えさせるか

ここで再び、智弁和歌山高校の高嶋監督にご登場を願おう。

高嶋監督は、選手が練習をボイコットしたときに、選手たちと話し合い、「選手時代に甲子園に行った感動をお前たちに伝えたい。だから厳しい練習をしているんや」と言った。するとキャプテンの子が「監督の言いたいことはわかった。明日かについていく」と答えてくれたそうだ（高校野球ドットコム二〇一四年一二月七日）。

夢を与えるだけなら、だれにだってできる。同じ夢を与えても、努力すればそれが叶いそうなのと、そうでないのとでは天と地ほど違う。

高嶋監督のように、選手を甲子園に何度も連れていった人が語ると、「よし自分も」という気になり、夢に向かって苦しい練習もこなしていこうという覚悟が生まれる。どのようなスポーツでも、実際に夢が叶うか否かはリーダーを信じ、懸けてみるしかない。だからこそリーダー自身の実績が問われる。いくら理論的に優れた指導者でも、実績が乏しいと選手がなかなかついてこない理由はそこにある。

選手に夢を与えると同時に、自らもそれを体現しているのが青山学院大学の原監督だろう。「人間はヒーローとして賞賛されたら、よりいっそうはりきってがんばる生き物だ」。その信念のもと、学生スポーツの世界では珍しく、選手も自分もテレビのバラエティー番組に積極的に出演している。

二〇一五年の箱根駅伝初優勝の際も、主力の四年生に強い選手がそろっていたわけではなかったが、勢いに乗って「オレたち勝てるんじゃないか」「もしかしたら優勝できるんじゃないか」「先頭を走ったらテレビの中継に映るぞ」といった高揚感、ワクワク感があって、チームが実力以上に活気づいていたと思う（原 二〇一六、五九頁）と述べている。

ちなみに、AKB48のようなアイドルが睡眠時間を削ってレッスンに励むのも、俳優が役づくりのために数十キログラムの減量や増量を実行するのも、努力の先にハレの舞台が待っているからである。

一方、企業では、社員に自ら目標を設定させる目標管理制度を取り入れているところが多いものの、現場で話を聞くと、残念ながら社員の意欲向上には必ずしもつながっていないようだ。

それは目標を達成した先に、ワクワクする世界や魅力的なものを示せないからだろう。実際にがんばって目標を達成したからといって特別に大きな報酬が手に入るわけではないし、会社の内外から脚光を浴びるわけでも、将来の魅力的なキャリアにつながるわけでもないのがふつうだ。

長期的な努力を引き出すには、俗っぽいようでも人間の欲求（承認欲求、自己顕示欲など）に直接働きかけるのがいちばん効果的なのである。

「ネコ転」はこうして起きた

受け身で消極的な「イヌ型」から、自ら行動する「ネコ型」へ転ずることを「ネコ転」と呼ぶようにしよう。ここに紹介したような「ネコ転」がなぜ起きたのか。監督－選手、上司－部下の関係性に焦点を当てながら変化の跡をたどってみたい。

経営学や人事管理理論の分野でよく知られている理論に、D・マグレガー（一九七〇）の「X理論」と「Y理論」がある。

伝統的なX理論によると、生来、人間は仕事が嫌いで、できることなら仕事はしたくないと思っている。そのため、たいていの人は強制されたり、統制されたり、命令されたり、脅されたりしなければ、企業目標を達成するために十分な力を出さない。また、ふつうの人間は命令されるほうが好きで、責任を回避したがり、あまり野心をもたず、何よりもまず安全・安定を望んでいる。

これがX理論の前提となる人間観である。

「イヌ型」の扱いは、まさにX理論そのものであることがわかるだろう。実際、先に紹介した監督や上司は当初、選手や部下を強制や命令によって、あるいは家父長型の上下関係で動かそうとした。監督や上司にとって、少なくとも短期的には、そのほうが扱いやすく、選手や部下にとっても自分で考える必要がないし、自ら行動しなくてもよいので楽だ。

しかし受け身一辺倒の選手や部下は、監督や上司が期待するような成果をあげられない。そこで監督や上司は、焦りからスパルタ式をいっそうヒートアップさせる。

けれどもいっこうに成果はあがらず、選手や部下のストレスばかりが高じていく。やがて、それが限界に達したとき爆発し、両者の関係が破壊される。

その段階で、監督や上司は反省して考えかたを変えるか、あるいはさじを投げる形で管理を放棄する。

実は、ここからが大事なところで、表面的には管理を放棄したようにみえても、内心は思うように動かそうという魂胆があると、本質は変わらない。封建的な家庭における主《あるじ》のように君臨し、相手が忠誠を尽くすかぎりにおいて面倒をみるというのが、パターナリズム（家父長主義）である。たとえスパルタ主義を放棄しても、管理しよう、自分の思うように動かそうという気持ちがパターナリズムに引き継がれるかぎり、両者の関係はリセットされない。

先にあげたような成功例が他と違うのは、よい意味で監督と選手、上司と部下の「イヌ型」の関係が破壊されたことにある。そして選手や部下には幸いにも自力で活躍するフィールドがあり、そこで実績をあげられた。それを目にした監督・上司が、選手・部下との間に新たな関係をつくるようになったのである。

マグレガーは伝統的なX理論に対し、つぎのようなY理論を提示している。

Y理論によると、人間は自分から進んで身を委ねた目標のためには、自分にむち打って働くものであり、ふつうの人間は条件次第で責任を引き受けるばかりか、自ら進んで責任を取ろうとする。また企業内の問題を解決しようと比較的高度の創造力を駆使し、手練《しゅれん》を尽くし、創意工夫をこらす能力はたいていの人に備わっていて、一部の人だけのものではない。Y理論の背景には、人間は成長する存在であるという考えかたがある。

壁にぶつかって「イヌ型」の管理を放棄した監督や上司は、選手や部下が自発的に動きはじめたのをみて、「ネコ型」のマネジメントに切り替えたのである。それはマグレガーのいうX理論からY理論への転換と見事に一致していることがわかる。

「やればできる」の好循環

こんどは選手や部下の内面に焦点を当てて、心理的な変化のプロセスをたどってみよう。

監督や上司は、スパルタ式の管理で失敗した。その結果、選手や部下は「イヌ扱い」から解放された。自分の意思で、自由に動けるようになった――。

すると、練習や試合で、また仕事でも、中身は以前と同じことをやっていても、まったく意味が違ってくる。他人に「やらされている」のではなく、自分が「やっている」のである。心理学では、それを「所有感」と呼ぶ。「自分のものである」という感覚だ。

会社のお金や他人のものなら無駄づかいしたり、粗末に扱ったりする人でも、自分のものなら大切にする。それと同じで、自分の仕事を自分のためにやっていると思えば惜しみなく努力するし、責任感もついてくる。そして自分からやってみたら成果があがって楽しくなった。

自発的にやっているので当然、モチベーションは高くなるし、もっと成果があがるように、よりよい方法を考えて努力するようになる。そのため、受け身でやらされていたときよりも高いパフォーマンスが生まれる。しかも、それは自分（たち）

が成し遂げたものなので、「やればできる」という自信がつく。

いくら「やればできるぞ」と励ましたところで、自信がもてるわけではない。成功体験を通して、はじめてほんとうの自信がつくのである。ちなみにそれは自己効力感とか有能感などと呼ばれる。

自信がつけば、いっそう高い目標に挑戦するようになる。学校時代に体育の授業では「落ちこぼれ」だった人が、大人になってたまたまマラソンをはじめたら、意外に速く走れ、つぎつぎとレベルの高いマラソン大会にエントリーする例などは、その典型である。

成功体験を重ねるうちに、「やればできる」という自信は確固たるものになり、気持ちだけでなく実力もついてくる。このように「ネコ転」によって好循環が形成されるのである。

つまり「ネコ転」とは、物事に対して主体的に関われるようになることである。

先にあげたメンターも、後輩ができた学生たちも、スパルタ式の指導から解放された選手たちも、「イヌ扱い」から解放され、主体的に行動できるようになったわけである。

さらに、偉大な実績をあげた選手たちは、挑戦→成功体験→さらなる挑戦という正のスパイラルに入っていけたのだ。

なお、ここでは長期的な努力が強制ではなく夢や目標によって引き出されることを述べたが、「ネコ型」のモチベーション、すなわちハイレベルな〝やる気〟の特徴、ならびにそれが生じる仕組みについては次章で詳しく説明したい。

第3章　いよいよ「ネコ型」人間の時代に

（1）AI時代は「ネコ型」の天下

「受け身のほうがトク」と考える若者たち

人間は他の動物よりも高度な学習能力を備えている。そして現在はもとより、先々の損得、さまざまな利害得失を考えながら行動する。なお、「損得」とか「利害」というと利己主義そのもののように聞こえるかもしれないが、必ずしもそうではない。損得や利害には、お金やモノなどのほか、周囲との人間関係や精神的なストレスなども含まれる。さらに自分がどれだけ世の中に貢献できるか、他人のために役立てるかといった利他的な目的まで含まれている場合もある。

いずれにしても、人間の行動の大部分はそうした広い意味での計算や打算に基づいている。

したがって、学生が自分から発言しないとか新入社員が「指示待ち」だといわれるのも、そのほうがトクだと学習してきたからである。

大学受験を大きな目標として学校生活、家庭生活を送ってきた子どもたちは、へたに自分の意見を主張したり、物事をとことん考え抜いたりするより、テストでよい点をとることだけを考え、黙々と勉強するほうがトクだと知っている。教師や親も、生徒やわが子にそうした態度をとらせようとしてきた。そのようにして育った子が大学に入り、受験から解放されたからといって、急に自分の意見をもち、積極的に発言し、行動できるようになるはずがない。

それは就活（就職活動）、そして入社後も同じだ。

会社は表向き、「とんがった人材を」とか「出る杭を求む」などとうたいながら、実際には、採用後、すぐに辞めたり問題を起こされたりすることを恐れ、無難な人材を採りがちになる。それは人事部や採用担当者が、失敗のリスクを冒すより自らの保身のためにも、無難な人材を採っておいたほうがトクだと考えているからである。直属の上司もまた、考えることは同じである。

さらに、自分だけ意見を主張したり自分から行動したりすると、周囲からも浮いてしまう。就活生や若手社員は、そうした現実を心のなかではわかっているため、受け身の姿勢をとらざるをえない。

つまり、受け身、指示待ちは、彼らにとって、ある意味で合理的な姿勢なのである。

「出る杭」を伸ばしはじめた企業

ところが近年、「受け身のほうがトク」な構造が崩れつつある。それを象徴するように、あるタイプの学生が有名企業から三つも四つも内定をもらってくる。それは、とにかく自分から行動できる学生である。

学部のゼミで研究テーマを決めるときは自分から提案するし、テーマが決まればさっそく会社にアポをとり取材に出かけていく。他学部の学生を巻き込んだイベントを企画し、実行する。ゼミ生のなかには有名建築家をゲストに呼んできたり、自ら大学と掛け合って同窓会を立ち上げたりした学生もいた。ある学生などは、就活のときに相手企業のビジネスプランを作成していき、自分からプレゼンさせてもらったそうだ。受け身の「イヌ型」とは対照的なこうした学生が、企業の採用の門戸をいとも簡単に開けているのである。

つけ加えておくと、彼らはただ自発的、積極的なだけではない。けっして他人に迷惑をかけたり、周囲との軋轢を生んだりしない。後述するように、その意味でも彼らは「ネコ型」なのだ。

こうした潮流の変化は、会社の内側でもみられる。最近は大企業のなかにも若手社員の提案や企画を積極的に取り入れる企業や、ビジョンと行動力のある三〇代の社員を幹部に抜擢するような企業もあらわれてきた。

興味深いのは、周りがたいてい「イヌ型」なので、稀少な「ネコ型」が際だつのか、ライバルが少ないためか、革新的な会社における彼らの活躍ぶりも、周囲に与える影響力も突出の度合いが半端ではない。「出る杭は打たれる」という日本の組織で、これだけ自分の好きなように仕事ができるのかと驚かされることもある。「出すぎた杭は打たれない」のかもしれない。

さらに大多数を占める「イヌ型」の人たちの多くは、自分たちの本音を代弁してくれる人、現状を打破してくれる人を心のなかで待望している。「出すぎた杭は打たれない」どころか、むしろ周囲から押し出される場合も少なくないのである。

背景にある情報化・ソフト化の大波、そしてAI

このように「ネコ型」が日の目をみるようになった最大の要因は、なんといっても急速な技術革新であり、とりわけIT化やソフト化の影響が大きい。ロボットや自動機械、パソコンやインターネット、POSシステムなどの普及により、生産現場、オフィス、店舗などあらゆる職場において、単純作業は大幅に減少した。与えられた仕事をただ黙々とこなせばよい時代ではなくなったのだ。

そもそも技術や情報といったソフトウェアの価値は、ユニークつまり唯一であることが絶対条件である。他人のまねをして同じものをつくっても何の価値もない。そしてユニークなもの、新しいものをつくるには高度で自発的なモチベーションが必要になる。

ところが「イヌ型」のマネジメントのもとでは、自発的なモチベーションは生まれない。そして創造性も発揮されない。このことは作家、芸術家、科学者など創造的な仕事をする人に、いくら強制・命令しても優れた成果があがらないことをみても納得できるだろう。

日本人がほんとうの〝やる気〟に欠けること。そして仕事の成果もあがらなくなっていること――。各種の調査結果がそれを裏づけている。

まず、〝やる気〟についてみてみよう。

ビジネスの世界では、近年、「ワーク・エンゲージメント」という尺度が注目されるようになった。シャウフェリ（W. B. Schaufeli）らによって開発された、仕事に対する積極的な関わりかたをあらわす尺度であり、活力、熱意、没頭の三要素からなる。この尺度を用いてさまざまな機関が国際比較調査をおこなっているが、いずれの調査でも日本人のワーク・エンゲージメントは世界でもっとも低い水準にある。

たとえば、アメリカの調査会社ギャラップが二〇一七年におこなった調査によると、日本人のエンゲージメントは、一三九か国中一三二位である。また同じく、アメリカの人材コンサルタント会社ケネクサが、二〇一二年に世界二八か国の正社員を対象におこなった調査でも、日本人のエンゲージメントは最下位で、しかも極端に低い。

このように本物の〝やる気〟が欠けていれば、仕事の成果があがらないし、企業や社会の競争力も低くなる。

日本生産性本部のデータによれば、日本の国民一人あたりGDP（国内総生産）のOECD加盟国内における順位は、一九九二年の七位から二〇一五年には一八位にまで落ちている。主要七か国の時間あたり労働生産性も日本は極端に低く、アメリカやフランス、ドイツの三分の二にも満たない。またIMD（国際経営開発研究所）が毎年発表している各国の国際競争力をみると、日本は一九九二年には第一位だったが、二〇一七年は二六位である。

注目すべき点は、生産性にしても国際競争力にしても一九九〇年代の半ばに日本の地位が急落し、その後も回復がみられないことである。九〇年代半ばといえば

「ウィンドウズ95」が発売されるなど、いわゆる「IT革命」が世間を騒がせた時期である。ITの時代にマッチした能力と意欲を引き出す仕組みがいかに欠けていたかを物語っている。

さらに、IT化、ソフト化がより進んだAI（人工知能）時代に必要な能力や意欲とはどのようなものか。それについて考えてみよう。

直感こそAIに勝る

ネコを飼っている人ならわかると思うが、ネコは人間の魂胆を鋭く見抜く。ふだんはエサをみたら近寄ってくるが、ネコを捕まえようと思っているときはエサをみせても近づかない。また初対面の来客でも、ネコ好きの人には甘えにいくが、ネコ嫌いの人が来たら帰るまでソファの後ろに隠れている。その人がネコ好きか、ネコ嫌いなのかは、私たちは聞くまでわからないが、ネコは直感的にわかるようだ。

私たち人間も、日常は直感にしたがって行動していることが多い。何となく風邪を引きそうだなと思ったら体温など測らずに風邪薬を飲むし、車の運転をしていて事故の危険を感じたら標識がなくても徐行する。勘やひらめき、インスピレーションも直感と同じようなものだ。科学者や作家、芸術家は入浴中や散歩中などに突然すばらしいアイデアが浮かぶことが多いという。

にもかかわらず、直感や勘には、知識や理論などに比べてレベルが低そうなイメージがある。直感や勘のようなアナログ的能力はＡＩ化で淘汰されると考えている人もいる。しかし、そうだろうか。

一九七〇年代のＭＥ（マイクロエレクトロニクス）革命、九〇年代からのＩＴ革命により、単純な作業はつぎつぎと機械やコンピューターに取って代わられた。たしかに、そこでは単純労働などアナログ的な能力に頼る人の仕事がつぎつぎに奪われていった。「これからは知識労働者、専門職の時代である」とよくいわれたものである。

そして新たにやってきたのが、ＡＩやビッグデータなどに支えられる第四次産業革命である。ところが、こんどは以前と様相が変わり、高度な知識や理論を用いる仕事が奪われようとしている。情報・知識の蓄積や論理の展開は、高度化したＩＴ、つまり学習能力をもつＡＩが得意とするところだからである。

そうなると、教師、弁護士、会計士、医師などの専門職も安泰ではない。現に蓄積された膨大な判例や症例を用いて、弁護士や医師の仕事を部分的に肩代わりするシステムも開発されようとしている。したがって単に既存の知識を応用し、型どおりの論理展開をするだけでは、専門職といえどもＡＩに淘汰されるだろう。しかも専門職は賃金や報酬などのコストが高いぶん、単純労働よりもむしろ代替されやすいというみかたさえある。

いずれにしても、デジタル化できる仕事や、インプットとアウトプットの関係がパターン化できる仕事は、遅かれ早かれＡＩやロボットに代替されていく運命にあると考えてよい。

逆に解釈すれば、知識として伝達したり理論として説明したりできないものは、ＡＩなどに代替されにくいということだ。ＡＩはみえないもの、つかみどころのないものをまねるのが苦手だからである。

直感は、その代表格である。

直感の正体

では、そもそも直感の正体とはいったい何だろうか。

一般に多くの経験を積み、知識や情報を蓄えた人ほど勘も鋭い。ベテランの運転手は事故の危険性を鋭く察知して未然に回避するし、経験豊富な医師は患者の顔をみただけで重病か否かの察しがつくという。会社の玄関に入った瞬間に経営状態がわかるという練達の経営コンサルタントもいる。

このことは直感が知識、情報などと無関係ではないことを示している。しかし、いくら多くの知識や情報を身につけても、それだけで優れた運転手や医師、コンサルタントにはなれない。

そのことから、直感は知識、情報、理論といったデジタル的な要素に、アナログ的な「＋α」の要素が加わったものだといえよう。言い替えるなら、知識、情報、理論などが未だ解明されていない「＋α」によって昇華されたものが直感なのである。

野球を例にとってみよう。同点で迎えた九回裏の攻撃。二死満塁で打席に立ち、カウントは三ボール二ストライクだったとする。ふつうの打者は、過去のデータから相手投手の状況に応じた投球パターンを推理する。一方、天才的な打者はそれに「＋α」が加わる。本人も意識していないだろうが、たとえば相手投手の表情から、ふだん以上に不安を覚えていることを感じ取り、押し出しの四球を恐れて甘めの直球が真ん中あたりにくると予想する。そして狙い打つ——。

ビジネスの世界なら、服飾業界の人たちが冬物衣料を増産するか否かを決定する際には、流行のトレンドや気象の長期予報などあらゆるデータを分析する。それでも合理的には決断できない場合がある。ところが直感の鋭い人は、その日の通勤途上で目にしたカエデが例年以上に赤く色づいていたことが潜在意識に残っていて、厳冬の到来を予測し、増産を決断しているのかもしれない。ただし、なぜカエデの色が判断に影響を与えたのかは本人にもわからない。

大地震が発生する前に飼いネコが異様な動きをしたとか、水槽のなかのナマズが暴れていたというような話が伝えられている。事実かどうかはわからないが、それらの動物が未発見のシグナルを感知していた可能性はある。

動物にしても人間にしても、直感の鋭い個体ほど弱いシグナルに敏感であり、多くのシグナルをすりあわせながら判断を下せるのである。

いずれにせよ「＋α」の要素が未解明でパターン化できない以上、ＡＩなどが取って代わるのは難しい（永久に不可能かどうかはわからないが）。だからこそ、直感の鋭い人ほどこれからますます重宝がられ、活躍の場が広がると考えられる。知識や理論はＡＩに任せ、人間は研ぎ澄まされた直感で勝負するという役割分担こそ、必要になるのではないか。

（2）すべてを「遊び」に

遊び感覚で潜在能力が一〇〇パーセント発揮される

ただ、潜在能力がいくら高くても発揮されないと意味はない。能力を発揮させるもの、それがモチベーションである。

ここでまたネコに注目してみよう。

わが家のネコは、夏に蚊やハエが飛んでいると追いかけ回すし、掃除機をかければそれにじゃれついてくる。相手にしてほしいときは、猫じゃらしのようなオモチャをくわえてやってくる。スティック糊《のり》だろうがヘアスプレーだろうが、丸いものは何でも倒して転がす。カーテンに爪を立てて駆け上ったり、人の足にかみついたりしていたずらをする――。わざと人を怒らせ、その反応を楽しんでいるかのようだ。

とにかくネコは遊び上手である。そして追いかけっこをするときは驚くほど速いし、オモチャをちらつかせたら一メートルほど飛び上がることもある。遊んでいるときこそスピード、跳躍力、身のこなしなどが最高度に発揮されているのである。

いうまでもなく、遊びはネコだけに許された行為ではない。歴史家のJ・ホイジンガー（一九七三）は遊ぶことに人間の本質があるという意味で、人間を「ホモ・ルーデンス」と命名した。

仕事のなかにある遊びや楽しさに注目する研究者も少なくない。

心理学者のE・L・デシ（一九八〇）は仕事そのものの楽しさや挑戦心にかき立てられるモチベーションを「内発的モチベーション」と呼び、同じく心理学者のM・チクセントミハイ（一九九六）は一つの活動に没入している状態を「フロー」と名づけた。そして内発的に動機づけられ、フロー状態にあるときに潜在能力が最大限に発揮されると考えている。

実際に職場では、言われたことしかやろうとしない若者も、通勤電車のなかではスマートフォンのゲームに夢中になっているし、コミュニケーションべたといわれながら、SNSでは微妙な表現を駆使して仲間と連絡を取り合っている。

企業がそれに注目するのは当然だろう。昨今、仕事に遊びの要素を取り入れるところも増えてきた。そこで働いている人をみると、ふつうの職場ではみられないようなモチベーションの高さが伝わってくる。

宅配ピザやハンバーガーショップでは、アルバイトの店員が商品を早くつくったり、効率的に配達したりする競争をゲームのように楽しんでいる。まるで大学のサークル活動のようなノリなのだ。社内のコンテストでは、優勝した仲間同士が感激のあまり抱き合って号泣する。

また、第2章で紹介したヒューマンフォーラムという会社では、お客さんが参加する「書初め王決定戦」や餅つき大会、節分豆まきなどを開いたり、スタッフが思い思いの売り場をつくる「お店自慢コンテスト」を開催したりするなど、客を巻き込んで楽しむさまざまなイベントを取り入れている。

すでに述べたとおり、同社では、このように楽しい仕事に徹するようになってから、社員のやる気が見違えるほどアップし、倒産の危機に瀕していた経営がV字回復を遂げたのである。

創造は「遊び」である

ここまでで取りあげた例からも、「遊び」がいかに意欲や能力を引き出すかを理解してもらえたと思う。

それでも、「遊び」によるモチベーションは一時的なものであり、遊び感覚で大きな仕事を成し遂げるのは無理だと考えている人が多いかもしれない。「遊び半分」などとさげすんだり卑下したりする言葉があるように、そもそも「遊び」は仕事や労働より重要度が低く、息抜きにするものという考えかたが根強い。

しかし、よく考えてみると新たな価値の創造につながるような仕事には、ほぼ例外なく「遊び」の要素が含まれていることがわかる。

スポーツや絵画・音楽などの芸術が、いわば遊びの延長であることには異論がなかろう。逆にいえば、「遊び」の要素がないものには魅力がない。だからこそスポーツをすることはPLAYという。

またソフトウェアの開発や起業にも、自由な思考、挑戦、ワクワク感といった遊びの要素が多分に含まれている。そのことは「オタク」呼ばわりされるプログラマーや、シリコンバレーなどに集う起業家をみればなんとなくわかるだろう。服飾のデザイン、建築物の設計、イベントのプロデュース、経営戦略の策定なども同様である。

ここで「遊び」の本質とは何かを考えてみよう。

まず、遊びは自発的な行為である。つまり強制されないことが遊びの大前提である。したがって「イヌ扱い」のもとで遊びのモチベーションは生まれない。

そして遊びには、不確実性が必要である。結果がわからないからこそワクワクし、エキサイティングで楽しい。しかし、結果がわからないだけでは行動につながらない。面白い映画をみればワクワク、ドキドキするが、それをみたからといって自分が行動するわけではない。行動につながるのは、自分の力で結果を変えられる可能性がある場合だけである。

私は、若いころの一時期パチンコにはまったことがある。ちょっと気分転換のつもりで店に入り、気がついたら閉店ということもたびたびあった。なぜそれほど夢中になったかを振り返ってみると、一発一発狙いをつけて打つむかしのパチンコ台は、やはり結果が未知であり、自分の力で結果をある程度変えられる（と信じている）からだ。そのため高度な自動球打ち台が導入されてから、すっかり興味を失い、パチンコ店から足が遠のいていった。

つまり遊びのモチベーションは、結果がどうなるかわからず、自分の力で結果にある程度影響を与えられるときに生じるといってよい。

ちなみに、前章で述べたように夢や目標があるとワクワクし、努力できるのも結果が不確実であり、かつ自力である程度それを変えられるからである。そもそも結果が確実なら「夢」や「目標」とはいわないし、運だけで決まる場合も同じだ。その意味で、夢や目標を追いかけるのも「遊び」の一種だといえよう。

やがて「遊び」だけが残る

しかし、当然ながら仕事は遊びそのものではない。たいていの仕事にはワクワク、ドキドキするエキサイティングな部分と、退屈でつまらない部分とがある。

製品開発の仕事なら、アイデアを練るときや開発した商品が市場に出るときにはワクワク、ドキドキするが、設計図を描くときや実験の準備をするときは、それほど楽しくないし興奮もしないはずだ。自動車のセールスマンなら、あと一押しで契約を取れそうな顧客の家の門をたたくときはドキドキするが、契約書に記入してもらうときや納車するときはワクワクもドキドキもしないだろう。

このように、ふつうの仕事はワクワク、ドキドキする「遊び」の部分と、どちらかといえば退屈な「労働」の部分から成り立っている。「労働」の部分が退屈でつまらないのは、強制的な要素が含まれているうえに、インプットとアウトプットの関係が明確だからである。言い替えると、どうすればどうなるかがわかっているからだ。

ネコは楽しそうに遊んでいても、すぐに飽きてプイと立ち去ってしまう。人間も同じで、たいていの遊びはいずれ飽きがくる。それは遊んでいるうちにだんだんと結果が読めるようになるか、結果によって得られるものがみえてくるからである。

そうなると徐々に「遊び」が「労働」に近づいていく。だからつまらなくなるのである。

しかしパチンコや麻雀、囲碁・将棋を、何十年も飽きずに続けている人がいる。芸術家や開発技術者などのなかにも、ワクワクしながら長年仕事を続けている人が少なくない。それはゲームの相手や仕事の中身が常に変化し、しかも奥が深くて何年たっても結果が予測不能だからである。

では、「遊び」と「労働」が将来どうなるかを考えてみよう。

すでに述べたように、インプットとアウトプットの関係が明確な仕事はAIに取って代わられる。その結果、だんだんと「労働」の部分が消えていき、いずれは結果が不確実な「遊び」の部分だけが残るだろう。要するに、「労働」が主で「遊び」が従であるという既成概念を逆転させなければならないのである。

広い意味での「つくる」というプロセスを例にとるとわかりやすい。メーカーでも研究開発の分野には「千三《せんみ》つ」という言葉がある。一〇〇〇回試みて三回成功すればよいくらい新製品を開発するのは難しいという意味であり、それだけゲーム性が強いといえよう。

対照的に、製造現場では「ＺＤ」（zero defect＝無欠点）運動がおこなわれたことからもわかるように、失敗は許されない。その意味で、遊びの要素はゼロに近い。そして失敗が許されない定型的な仕事は、その多くがロボットや自動機械に取って代わられた。

製造業にかぎらず、絶対安全が要求される運輸業や、一つのミスもあってはならない顧客サービス業務などもＩＴ化されつつある。そしていま、企業も社会もいかにイノベーションを生み出すかが大きなテーマとなっている。そのカギとなるのが「遊び」的要素だといっても過言ではない。

さらに遠い未来を見通せば、ＡＩやロボットの進化により人間は働く必要がなくなるかもしれない。そうなると、強制的な要素はゼロになる。それでもスポーツやゲームのような「遊び」は残るに違いない。ワクワク、ドキドキし、自分の能力を伸長・発揮して自己実現できることは人間の重要な欲求であり、人間の本質に関わるからである。

現に狩りをする必要がなくなったからといって、スポーツとしてのハンティングはなくなっていないし、スーパーコンピューターが棋士に勝ったからといって、棋士同士のおこなう将棋がなくならないことをみても、それは明らかだろう。

そして、このような未来は、いまの若者たちの価値観とも調和しているように思える。

日本生産性本部と日本経済青年協議会が毎年、新入社員に対しておこなっている「働くことの意識」調査には、働く目的についての質問がある。その結果をみると、「楽しい生活をしたい」という回答が今世紀に入ってから増加傾向を続けており、二〇一七年度は四二・六パーセントと過去最高を更新した。楽しい仕事がしたい、楽しい生活を送りたいというのが典型的な現在の若者である。

長いスパンで歴史を振り返れば、農業社会や工業社会は人間特有の能力と人間の本性を抑圧してきた時代だったといえよう。一方、高度に発達したＩＴが労働から人間を解放するＡＩ社会は、人間もネコのように「遊び」感覚で生きられる時代になりそうだ。

（3）「ネコ型」チームこそ最強

「ネコ型」チームワークが主流に

イヌは群れで行動する習性をもつ。それに対してネコは基本的に単独行動をする。たくさんのネコがいるところでも、たまたまその場所の居心地がよいか、エサにありつくため集まっているにすぎない。リーダーが群れを引き連れて歩くわけでもない（幼い子ネコは別だが）し、そもそも固定したリーダーがいるわけでもない。

こうしてみると、ネコはチームワークに向かないように思える。しかし少なくとも人間の場合は、「ネコ型」がチームワークに向かないとはいえない。

かつての自動車工場や家電工場のような少品種大量生産の時代には、イヌぞりのようにみんな並んで一緒に作業するのがふつうだった。しかし、そのような仕事の大部分は機械やコンピューターに取って代わられた。銀行の店内でも、多くの行員が顔を並べてお金の計算をしたり、伝票を整理したりする姿はみられなくなった。

そしていま、集団で仕事をする場合には、多様な専門の人たちからなるプロジェクトチームが主流になりつつある。それは製品開発、商品企画、マーケティング、戦略策定、問題解決、イベントの企画・運営、雑誌の編集、映画や番組の制作など、さまざまな分野に及んでいる。業種によっては通常業務がすべてプロジェクトチームでおこなわれている企業もあり、今後はいっそうプロジェクトベースの仕事が増えてくると予想される。

そこに参加するのは異質な知識、能力、視点をもったメンバーであり、チームは命令－服従といったタテの関係ではなく、対等なヨコの関係で活動する。そして一つのプロジェクトが終了したらチームは解散し、仕事内容に応じた新たなメンバーでチームがつくられる。つまり自分の意思と判断で主体的に行動できる、「ネコ型」の人間でなければチームに貢献できないのである。

「ネコ型」集団は危機に強い

自律的・主体的に行動できる人たちからなる組織は、いまの時代に合っているといえよう。

組織の盛衰は、環境にどれだけ適応できるかにかかっている。どのような組織も環境に適応しないと生き残れない。その環境は業種によって異なるし、時代によっても違う。

一般に、変化が少ない安定した環境のもとでは権限がトップに集中し、命令‐服従の関係で動く機械的な組織が有効である。逆に変化が激しく不安定な環境のもとでは、権限が分散し、水平方向のコミュニケーションで動く有機的な組織が有効とされている（Burns and Stalker, 1961）。

今日のように、業種を問わず企業を取り巻く環境の変化が激しく、不安定になると、上下関係が厳格で命令‐服従の関係で動くピラミッド型の組織はますます非効率になってくる。現場から離れたトップが常に、現場の状況を把握できているとはかぎらないし、現場から情報が届くのを待って判断を下していたらとても間に合わない。

現場、すなわち顧客や取引先などに近いところにいる人が自分たちで判断し、即座に対応するほうが効率的だし、顧客の多様なニーズにも的確に応えられる。また、みんなが一緒に顔を合わせていなくても、ノートパソコンやスマートフォンなどのツールを使えば必要なコミュニケーションはとれる。

要するに組織そのものが、前述したプロジェクトチームに近いようなスタイルになってくるわけである。そして、多様で個性的なメンバーからなる組織は危機にも強い。

そのことを例証する昆虫の世界の話（長谷川 二〇一〇）は興味深い。

アリやハチの集団のなかには、巣のなかの温度やエサの糖度など、特定の刺激に対する感度が異なる個体が混じっているという。そのため危機に陥ったとき効率的に対処できる。たとえば、ちょっとした温度の変化なら、その変化に敏感な少数のハチが出てきて対処すればよいし、火事のような一大危機のときは温度の変化に鈍感なハチも反応するので、全員で対処できるわけである。

人間の組織でも、多様な個性をもつメンバーがいると、危機の種類や度合いに応じて効率的に対処できる。また多様化する顧客のニーズにも対応することが可能だ。たとえば衣料品店なら、流行を気にする客、価格を重視する客などに、それぞれ詳しい店員が応対すればよい。

近年、企業社会でもダイバーシティー&インクルージョン（多様性の受容）がうたわれている。それによって組織・集団のなかに新たな視点や刺激が入り、創造・革新を生み出す効果があると考えられている。さらに内部の風通しをよくするとともに、組織の危機管理能力や、顧客の多様なニーズへの対応能力を高める効果も期待できるのである。

ネコはリーダーを育てる

「ネコ型」人間には、もう一つ見逃せない貢献がある。ネコが逆に、飼い主すなわち人間の社会でいえば親や上司、あるいはリーダーを育てるということである。

イヌは主《あるじ》に服従する本能があるので、それを利用して人が思うように育てることができる。エサを前にしているときも「待て」といえばがまんするし、「お手」「伏せ」などもしつけられる。ところがネコは、飼い主の思うようには動かない。その証拠に警察犬や盲導犬はいても、警察猫や盲導猫は聞いたことがない。

常に自分の意思や直感で行動するネコと暮らすには、相手が自分の思うようには動かないという前提でつき合う必要がある。コントロールされるのを極度に嫌うネコだが、一方で信頼できる人にはすり寄ってきて頭をこすりつけたり、なめたりして愛情を伝えようとする。

つまり、イヌは権力だけで育てられるが、ネコを育てるには相手の意思を尊重しなければならない。相手のすべてを包み込むような懐の深さ、人間的な器の大きさが必要になるのである。だからこそ人はネコを育てながら自分自身が成長する。谷崎潤一郎、大佛次郎、ヘミングウェイなど文豪に愛猫家が多いことは知られているが、人間そのものを受け入れられるようでなければ、優れた小説も書けないからではなかろうか。

相手の主体性を尊重しながらよい関係をつくるという姿勢は、私たちが仕事や日常生活を送るうえで必要なだけでなく、組織のリーダーにとっても大切だ。とくにこれからの時代は、自立して主体的に行動できる「ネコ型」の人間でなければ通用しない。しかも命令や強制によって引き出せる力はたかがしれている。今日のように優れたアイデアや独創性が勝負を決めるような時代には、「イヌ扱い」しかできないリーダーは出番がなくなるだろう。

仕事やスポーツなどさまざまな領域で、かつてに比べて必要な能力と意欲の次元が上がったと理解したほうがよいかもしれない。

前述したような「直感」力や「遊び」感覚の高度なモチベーションを引き出すためには、別次元のリーダーシップが求められているわけである。実際に前章で紹介した高校野球や大学駅伝の名監督も、相手の主体性を尊重する関わりかたを学んで選手の心をつかみ、彼らの潜在能力を一〇〇パーセント引き出すことに成功した。

このようなリーダーの相手に対する接しかたは、いまはやりのリーダーシップ用語を用いるなら「サーバント・リーダーシップ」に近い。ただサーバント・リーダーシップはその名称から、リーダーがフォロワーに仕えるという上下関係の逆転を連想させる。しかし、そもそも「ネコ型」人間は主人に仕えるという意識が弱いだけでなく、自分が主人になることも望んでいない。つまり、上下ではなく対等な関係を求めているのである。

対等な関係のなかで人々をリードする方法を学ぶには、後述するような「隠れネコ型」の人間を本物の「ネコ型」人間に変身させ、彼らと良好な関係を築くところからはじめるとよい。

(4) 野良ネコに学ぶ現代の処世術

多元的帰属で自由を確保

「はじめに」でも紹介したとおり、私の家には子ネコのときに迷い込んできたクリという四歳の雄ネコがいる。クリの母親はいまでも野良ネコだが、隣家では「ルナ」と名づけられ、半ば家族のようにかわいがられている。

ところがある朝、たまたまイヌの散歩で隣の町内を通りかかったとき、家の軒下に置かれた自家製ベッドの上で眠っているルナをみかけた。偶然に、顔を合わせたその家の人に聞いてみると、こちらでは「ノラ」と呼び、かわいがっているそうだ。しかしこの家にも定住している気配はなく、昼間はまた別の家に出入りしているらしい。

つまり、このネコは半径三〇〇メートルくらいの範囲で複数の家を転々として世話になりながら、自由気ままな生活を送っているのだ。昨日は「ルナ」として世話になったかと思うと、今日は別の家の軒下で「ノラ」として夜露《よつゆ》をしのぎ、昼間はまた別の家へ遊びに行く。そのため、一つの家でエサをもらったからといって飼い主に媚びることはない。花壇を掘り返して叱られ、追い出されたら別の家に行けばいいだけのことである。

家のなかで飼っていても、イヌとネコとは人間への関わりかたが違う。

イヌは本能的に家族内の権力構造を素早く察知し、いちばん権力を持っているリーダーにしたがう。場の空気も的確に読む。家族の間に険悪な空気が漂うとテーブルの下に隠れ、口げんかがはじまればブルブルと震えている（それをみて、口論を止めたことも何度かあった）。家族という共同体の一員になりきっているのだ。

それに対してネコは、家族の権力構造や人間関係などにはまったく無関心（自分にとばっちりが及びそうなときには部屋を出ていくが）、気が向いたときだけ甘えさせてくれる人にすり寄っていく。

このように、イヌは集団に対して一元的に帰属し主《あるじ》に忠実にふるまうのに対して、ネコは複数の集団に多元的に帰属し、そもそも「主《あるじ》」という存在さえ認めない。

このようなイヌとネコとの対照的なふるまいは、人間の生きかたにも通じる。会社を例にとってみよう。

上司の立場からすると、自分に忠誠を尽くしてくれる「イヌ型」の部下は、けなげで、いとおしい。それに応え、大切にしてやろうという気持ちにもなる。しかし、そうした感情は独占欲や支配欲の裏返しであり、束縛、嫉妬、過干渉につながりやすい。

また、部下が未熟で従属的な地位にある間は目をかけてくれても、部下が実力をつけて台頭し、上司とライバル関係になると一転して妨害され、足を引っぱられることが少なくない。しかも「イヌ型」の部下は一人の上司だけに忠誠を尽くすので、その上司以外からは大切にされないばかりか、その上司に反感を抱く人からは敵視されかねない。派閥争いにも巻き込まれやすいわけである。

それに対して、「ネコ型」人間は特定の上司から可愛がられ、庇護されないかわりに、だれからも束縛されたり、過剰に干渉されたりしない。取り込まれそうになったら距離を置き、もっと上の人や引っぱってくれる人に助けを請えばよい。いざとなれば転職という選択肢もある。いうなら「多元主義・等距離外交」である。

選択肢があれば立場が有利に

多元的帰属のポイントは、関わる集団が重複しないところにある。

いくら複数の集団に属していても、集団が同心円上にあれば意味はない。ある家庭の主婦を想定すると、夫が勤める会社の社宅に住んでいて、子どものPTA仲間も、近所のママ友もほぼ同じメンバーで、おまけに近所のジムやお茶、お花などのお稽古にも一緒に通うような属しかたは、一つの集団に属しているのと大差がない。もし夫が会社を辞めたら、すべての集団から切り離されるし、だれかと人間関係が悪くなったらすべてに影響し、自分の居場所がなくなってしまう。したがって野良ネコのように、できるだけメンバーが交わらない複数の集団に属しておいたほうがよいわけである。

複数の集団に対して多元的に帰属することは、少し固い表現になるが「代替的選択肢」をもつことにつながる。そして代替的選択肢をもてば、理不尽な要求にしたがわなくてもよい。

これは、いろいろなところに当てはまる一般的な原理だ。

恋愛でも「この人しかない」と一途に惚《ほ》れ込むと、相手の無茶な要求でも受け入れざるをえなくなる。それが、奴隷的な扱いやDVなどにつながらないともかぎらない。逆に、いざとなったらいくらでも相手はいると腹をくくっていたら、少なくとも対等にはつき合える。

ビジネスの場に目を向けるなら会社同士、会社と社員、上司と部下の関係もそれと同様である。

典型的な例が元請企業と下請企業の関係である。たとえば、メーカー一社だけに納入する部品をつくっている中小企業は、メーカーから無理な納期や納入価格の引き下げを要求されても拒否できない。したがってメーカーと対等な立場で交渉できるようにするには、複数のメーカーと取引しておくことが大切だ。さらに、この会社の部品でなければ製品がつくれないというレベルの技術をもてば、逆に相手より有利な立場で交渉を進められる。

会社と個人の関係も同じだ。日本の典型的なサラリーマンは、長期雇用のもとで企業特殊的な（その会社のなかだけで通用する）能力を身につけていく。つまり汎用性のある（どこでも通用する）能力をもたないので、最終的には会社の要求にしたがわざるをえない。気に入らない人事異動を命じられても断れないし、ブラックな環境で働かされても、なかなか声をあげられないのである。

その点、「ウデ」一本で世間を渡り歩く職人は、いやな職場でがまんする必要がない。また最近、日本でも広がってきている働きかたに「インディペンデント・コントラクター」がある。複数の会社と業務請負契約を結んで仕事をする働きかたであり、なかには一〇社近くの仕事を請け負っている人もいる。まさに野良ネコ型の自由な働きかただといえる。

ちなみにアメリカでは、このように会社に雇われない働きかたが急速に広がっており、フリーランスが二〇一六年時点で全労働者の三五パーセント、つまり三分の一に達したという推計がある。

副業もリスク分散の手段

会社に雇われながら、複数の組織へ多元的に帰属する道も存在する。それが副業（兼業）である。欧米など海外では明らかな支障がないかぎり副業を認めている会社が多く、国によっては法律で労働者が副業する権利を認めている。

一方、日本の企業は社員の副業に否定的で、ある調査によると八五・三パーセントの企業が「認めていない」と答えている（中小企業庁がリクルートキャリアに委託して二〇一四～一五年に実施した「兼業・副業に係る取組み実態調査」）。本業に支障が出るとか情報漏洩のリスクがあるといった理由があげられているが、具体的な理屈抜きに、社員を囲い込んでおきたい、「イヌ扱い」したいという会社側の本音が透けてみえる。

それに対して社員の側は、副業に対してかなり前向きだ。NPO法人「二枚目の名刺」が二〇一七年に大企業の正社員を対象におこなった調査によると、「副業している」「一年以内に副業したい」という回答が合計で五八・四パーセントと六割近くにのぼっている。

社員の立場からすると、副業があれば万が一、本業を失っても、副業のほうで収入が得られるので会社への依存度が低くなる。また、将来の起業や独立に向けたステップにもなる。最初は副業から事業をスタートさせ、軌道に乗ったら独立すればよいわけである。しかも本業で収入が得られるので、自分の好きな仕事やリスクの大きな仕事にも副業からチャレンジできる。

そして実は会社にとっても、経営環境や仕事内容の変化によって社員を囲い込むことのメリットより、デメリットのほうが大きくなってきている。

そもそも副業を禁止する以上は、雇用や給与などの面で社員の生活を将来にわたって保障してやらなければならない。現在のように企業を取り巻く環境の変化が激しく、先行きが不透明な時代に、はたしてそれができるだろうか。会社に対して過度に依存されると、会社のほうが困るはずだ。

むしろ会社にとっても、社員が副業すると新たな情報が入ってきて自社のビジネスに活かせるとか、自社で直接訓練しなくても社員が成長するといったメリットがある。実際に情報・ソフト関係の企業のなかには、社員の副業を支援するところも増えてきている。

インターネット関連事業を営むエンファクトリーという会社は、「専業禁止」という刺激的なキャッチフレーズを掲げて話題になった。実際に副業を義務づけているわけではないが、社員の約半数が副業をしているという。またロート製薬やコニカミノルタ、ソフトバンクなど、大手企業のなかにも副業を容認するところがでてきている。

世の中の変化が比較的ゆるやかだった時代には、「寄らば大樹」で力のある主人（会社）に忠誠を尽くしていればよかった。しかし、技術革新とグローバル化が急速に進んだ二〇世紀末あたりからは、企業を取り巻く環境の変化も加速度的に早まり、もはや忠誠の見返りに安定した生活を保障してくれる会社は少ない。野良ネコに学んで、できるだけ複数の会社へ多元的に帰属するよう心がけるべきだろう。

「ネコ型」人間が好かれる理由

ところで、複数の集団に対して多元的に帰属すると、対人関係は必然的に限定される。広くて浅いつながりになる。

「狭く濃い」つながりと「広く薄い」つながりには、それぞれ長短があり、一概にどちらがよいとはいえない。ただ、ほうっておくと閉鎖的で濃密な人間関係になりがちな日本社会では、バランス的にも野良ネコ型の「広く薄い」つながりをめざすほうがよいのではないか。

その大きな理由は、利害対立が起きにくいということである。

アメリカの社会学者M・グラノヴェター（一九九八）は、アメリカのホワイトカラー労働者を調査し、就職や転職のメカニズムを解明した。そこでわかったのは、親密な友人よりも関係の薄い知り合いのほうが助けになるということである。

なぜ、そうなるのか。

グラノヴェターが理由としてあげているのは、親密な友人は自分と似通った情報しかもっていないのに対し、薄い関係の人は自分がもたない情報をもっていることにあるという。たしかにそれはあるだろう。とくに日本のように、純粋培養された社員からなる閉鎖的な組織にいると、外部の情報はなかなか入ってこない。社外の友人や知人からのほうが、はるかに多様な情報が得られる。

しかし、よく考えてみたら理由はそれだけではなさそうだ。

濃密な人間関係のなかでは、互いがライバル同士になる。親しい友人が自分より華やかな会社に就職したり、待遇のよい職場に転職したりすると面白くない。だから社内の同僚であろうと社外の友人であろうと、親密な間柄になるほどよい情報は教えないのではなかろうか。

学生たちをみていても、就職の時期になると友人同士がライバルになり、「あの会社はうちの大学からは採用しない」とか「もうすでに募集は締め切ったらしい」といったデマが流れる。

日本企業の社員は欧米企業の社員に比べて、職場の仲間に仕事のノウハウは教えないし、仲間と助け合わない。そして同僚を信頼できないという意識調査の結果がある（佐久間 二〇〇三）。

それに対し、薄い関係のなかでは利害対立も起きにくいので、むしろ互いに助け合おうとか、力になってあげようといった気持ちになる。スポーツクラブの会員同士、あるいはツアー旅行でたまたま一緒になった人たちとは何でも話せるし、気軽に助けられることとは多くの人が体験しているはずだ。

「君子の交わり淡きこと水のごとし」というように、賢明な人ほど適度な距離を置いてつき合うすべを身につけているのである。

ただし薄い関係を保つには、他人に依存しなくても生きていける力が必要だ。ネコが自立して生きられるのも、人間に対する依存度が低いからである。イヌを飼った経験のある人はよく知っていると思うが、いったんイヌを飼いはじめたら、なかなか家族旅行にも行けない。毎日散歩に連れていってやらないといけないし、排泄の世話もしなければならないからだ。

それに対して、ネコの場合は散歩に連れていく必要はないし、家のなかでも自分で排泄の後始末をする。だからエサと水を欠かさず与える工夫さえしておけば、家飼いでも二、三日くらい留守をしても大丈夫なのである（一週間ほど留守番させたという人もいる）。また外で飼っているネコならどこかでエサを手に入れてくるし、死期が近づいたらこっそりと姿を消してしまう。

複数の組織に、多元的に帰属しながら生きていけるのが理想だが、そのためには組織に強く依存しないだけの自活能力を身につけておかなければならないわけである。

「ネコ型」は嫌われても、あまり憎まれない

ところで、同じペットでもイヌとネコとは魅力が違う。イヌの魅力は、その忠実さ、健気さ、一途さである。それに対して、ネコの魅力は人に媚びない気位の高さや、甘え上手なところである。

しかし、イヌにしてもネコにしても好んでペットにする人がいる一方で、イヌやネコが苦手だという人も少なくない。ただ同じ「苦手」でも、その程度にはかなり差があるようだ。

私の知人には子どものころイヌに追いかけられたとか、突然嚙みつかれそうになったという経験がトラウマとして残っていて、いまでもイヌはこわいという人が多い。家の前を通りかかったとき、イヌに突然吠えられ、飼い主にまで敵意を抱いている人もいる。「坊主憎けりゃ袈裟まで憎い」である。

それに対してネコ嫌いの理由はせいぜい、さかりがついたときの声がうるさいとか、家の庭や花壇に糞尿をして汚い、家のなかで柱や家具に傷をつけるといった程度である。

つまりネコは嫌われても、めったに憎まれたり、恨まれたりはしないのである。

この違いは大きい。

人間でも、「イヌ型」の人はしばしば他人を攻撃して敵をつくり、憎まれたり、恨まれたりする。一方、「ネコ型」の人はわがままで協調性がなく、他人に迷惑をかけることがあっても、必要以上に他人を攻撃しないので他人の憎悪や怨恨を買うことはない。

仕事のうえでも、生活のうえでも、他人の憎悪や怨恨を買うとしっぺ返しを食らい、決定的なダメージを受けることがある。憎しみや恨みはいつまでも消えず、いつか機会があれば復讐してやろうと思うからだ。

実際、私が耳にしただけでもつぎのような例がある。

管理職への昇進が決まる時期に、スキャンダルが密告された。部下の海外留学に上司が強硬に反対した。結婚前に近所から悪いうわさが流されて結局、破談になった——。また家屋や自家用車の損壊、放火などの犯罪行為のなかにも憎悪や怨恨によるものが少なくないといわれる。

それに比べると「ネコ型」人間のわがままな行為には、眉をひそめる人や避けて通る人はいても、積極的に復讐や仕返しをする人はまずいない。復讐や仕返しをするには自分自身にリスクがともなうし、たいていの人はそこまでする気にならない。「あいつのことだから、まあしょうがない」という程度で終わる。そのため職場でも、地域でも、わがままな「ネコ型」の人はけっこう好き勝手にしている。

そもそも相手にいくら好かれようとしても、好かれるとはかぎらない。へたに媚びを売るとかえって逆効果になるかもしれない。けれども、憎まれたり恨まれたりしないように心がけることはできる。

だれもが、知らず知らずのうちに他人に迷惑をかけていたり、やむなく他人と対立したりすることはあるが、それでも憎しみや恨みを抱かせるのは避けたいものだ。「嫌われても憎まれるな」というのが、野良ネコから私たち人間へのアドバイスである。

「ネコ型」社会は住みやすい

そして、「ネコ型」人間が増えれば私たちの社会はもっと住みやすくなるはずだ。

第1章で述べたように、人間は「イヌ扱い」されると、だんだんと主体性が失われ、自分から行動ができなくなる。目の前に助けを必要とする人がいても、自分から手をさしのべることもできない。その一方で、「イヌ型」は権威に弱いため、上からの強制や命令には無批判に手を貸し、強権的な政治にも積極的に加担することになる。

実際、歴史を振り返ってみてもファシズムや独裁政治、宗教的・政治的なテロには必ずといってよいほど洗脳された「イヌ型」人間が関与しているように思う。対照的に「ネコ型」人間が戦争やテロ、独裁政治に深く関わったというケースはあまり聞かない。少なくとも組織的に関与する輩《やから》は少ない。

軍国主義下の日本でも、「左を右に転向させるのはたやすいが、煮ても焼いても食えないのは個人主義者だ」といわれ、個人主義者、リベラリストは締めつけられた。それは「ネコ型」の個人主義こそ、究極の平和主義につながることを意味している。そもそも「ネコ型」人間は、自分自身が管理されたり強制されたりしたくないので、他人にもそれをしないのである。

こういうと、「ネコ型」人間は他人に無関心で冷たいようだが、実は違う。逆に強制がない社会では、他人への思いやりや互いの助け合いも自然に生まれる。ある地域の事例を研究した岡檀の著書（岡 二〇一三）から抜粋して紹介しよう。

徳島県に、海部《かいふ》町という人口三〇〇〇人前後の自然に恵まれた田舎町がある（現在は合併して海陽町の一部）。この町が注目されるようになったのは、自殺率の低さであり、島部という特殊な条件にある地域を除けば、つまり陸続きの地域としては、全国でもっとも自殺率が低い。この地域の特徴を四年間にわたって丹念に調査した結果、つぎのような興味深い事実が明らかになった。

自殺率が低い原因について諸々の条件を排除したところ、浮かび上がったのはつぎのような地域の特徴である。

旧い田舎町といえば地域のつながりが強い反面、「ムラ社会」特有の濃密な人間関係、私生活への過干渉、隠然たる上下関係などを連想するが、この地域は違う。海部町には、つぎのような特徴がある。

一つは、個人の自由意思が最大限に尊重され、統制や均質化が意図的に避けられていること。その結果、赤い羽根募金の募金者や老人クラブ加入率は周辺でもっとも低い。「人は人」という意識が強く、協力しない人、参加しない人に文句を言う人が少ないのである。

この町の人たちは、周囲から「野暮なやつだ」と言われることを最大の不名誉だと思っている。では何が野暮かというと、個人の自由を認めず、他人に強制することだ。だから何かにつけて強制や統制を避けようとするのである。

またそれと関連して、この町では人間関係が固定されていないという二つ目の特徴がある。町には「朋輩組《ほうばいぐみ》」という江戸時代発祥の相互扶助組織が存在する。朋輩組の主たる活動は、農業や漁業など生業に関わる連携、地域の保安、普請《ふしん》、冠婚葬祭の手伝いなどであり、地域住民の日常生活に密着している。

しかし、会則はなきに等しく、入退会の定めもない。もちろん入会しなくても何ら不利益はない。そして一方には、「当屋《とうや》」という町内会によく似た組織があり、朋輩組に加入していなくても当屋にサポートしてもらえるため、生活上の不便はない。

ちょっとした逃げ道や風通しをよくする仕掛けがあり、複数のネットワークに属していることが、コミュニティーにおける人間関係の硬直化を防いでいるのだ（筆者注：前述した「野良ネコ」の多元的帰属が実践されているわけである）。

三つ目にあげられる特徴は、隣人間のつき合いに粘質なところがなく、基本は放任主義であり、必要があれば過不足なく援助する淡泊なコミュニケーションである。そして四つ目に、相手が身内であるかヨソ者であるかによって、大きく態度を変えないことがあげられる。

注目したいのは、立地条件などが海部町と似ているにもかかわらず、自殺多発地域である近隣のA町との比較だ。なおA町は緊密な人間関係と相互扶助が定着しているところに特色がある。単純に考えたらA町の人のほうが海部町の人よりも他人への信頼度が高そうに思える。

しかし調査結果では、「あなたは一般的に人を信頼できますか」という質問に対して、「信用できる」と答えた人の割合は海部町のほうが統計上有意に高く、しかも「相手が見知らぬ人である場合はどうですか、信用できますか」という質問に対する「信用できる」という回答も同様に高い。

さらに海部町では、職業上の地位や学歴などに惑わされず人物本位で人を評価する傾向が強く、それが町の人事を含め、いろいろな場面に反映されている。また政治に対して主体的に参加する人が多いのも特徴だ。

そして、「助けを求めることを恥ずかしいと思わない」という人の比率が六割を超えるなど、他人の援助を求めやすい風土が存在する。

この研究結果を本書の文脈に引き寄せて解釈すると、つぎのような理屈になる。人を組織や集団に縛りつけたり、強制したりしなければ、つまり自由な「ネコ型」社会をつくれば自然と助け合う風土も、外部への信頼感も生まれてくる。そして「自殺の少なさ」という、ある意味で最高の精神的・社会的な健康指標にもあらわれているように、個人にも社会にも好ましい影響をもたらすということである。

つけ加えるなら、この町のケースは際だって特殊なわけでも、例外的でもない。農村にはいまでも類似した地域が数多くあるし、第5章で述べる京都の古い土地にも、ある意味で同じような風土が残っている。

若者は「隠れネコ」

ところで私は日本人、とりわけ最近の若者は「イヌ型」の傾向が強すぎると述べた（第1章）。ただし、それは受け身で、周囲へ過剰に同調する性向を指摘したものであり、ふつうの若者たちには他人から憎しみや恨みを買うような攻撃性はない。その意味では、同じイヌでも訓練された警察犬や盲導犬に近いかもしれない。

しかも彼らは本質的に「イヌ型」というわけではなく、行動としてはともかく意識や態度の面ではむしろ「ネコ型」の性質を備えている。イヌの仮面をかぶった「隠れネコ」というべきだろうか。

「ネコ型」の本性は、大ざっぱにいうと一九九〇年あたりから目立ちはじめたようだ。

山口生史と七井誠一郎（一九九七）は、一九九六年に首都圏のホワイトカラー労働者に対しておこなった調査結果から、職務を通じて自己実現を図り、自分が興味をもつことを自由にやりながら自己啓発をするような志向が強まっていることを明らかにしている。そのうえで日本人の労働志向が、集団主義から個人主義へ急速に変化しつつあると指摘している。

また長年にわたって国際比較などにより青少年の意識を調査してきた日本青少年研究所理事長・所長の故千石保は、九〇年代に入って日本の若者の間に「自分で決め」「自分で責任を負う」自己決定の価値観が強くなったと分析している（千石二〇〇一）。

私が学生をみていても、そのころには大きな価値観の変化が起きていると感じた。少なくとも九〇年あたりまでは、優秀な学生は大企業への就職を目指すのがふつうだった。ところが九〇年代の半ばあたりからは、優秀な学生が必ずしも大企業への就職を目指さなくなり、代わって情報・技術系のベンチャー企業に就職したり、自分で会社を興したりする者が増えてきた。大企業に就職し、管理職に昇進することが魅力的なキャリアではなくなってきたのである。

その背景にあるのが、自分のペースで働き、生活することを重視する価値観であり、私はそれを「マイペース型個人主義」と呼んでいる（太田 二〇〇三）。同じ個人主義でも他人を蹴落としてでも出世したいというような、「競争型個人主義」とは明らかに異なる。いわゆる「オタク族」や「新人類」などは、そのハシリだったのかもしれない。そして、このような価値観はいまも多くの若者が共有している。

先にも引用した日本生産性本部と日本経済青年協議会による新入社員「働くことの意識」調査の結果にも、それがみてとれる。

まず、「条件の良い会社があれば、さっさと移る方が得だ」と答えた者が、二〇一七年には三六・二パーセントと三分の一を超えている。また「残業は多いが、仕事を通じて自分のキャリア、専門能力が高められる職場」と「残業が少なく、平日でも自分の時間が持て、趣味などに時間が使える職場」のどちらがよいかという質問には、後者を選ぶ者が近年増加しており、二〇一七年には七四・〇パーセントと四分の三近くを占めるにいたった。

「イヌ型」人間と「ネコ型」人間の比較

	「イヌ型」人間	「ネコ型」人間
行動の特徴	受動的	自発的
活動の源泉	習慣	直感
仕事への向き合いかた	労働	遊び
人間関係	タテ（上下）	ヨコ（対等）
組織・集団への関わりかた	一元的、固定的	多元的、流動的
考えかた	集団主義	マイペース型個人主義
前提となる社会	農業社会、工業社会	ポスト工業社会、AI社会

＊筆者作成

「マイペース型個人主義」は、いまなお健在だということがわかる。この「マイペース型個人主義」こそ、「ネコ型」の価値観だといえる。もっとも、それはあくまでも価値観であり、行動にはなかなか結びつかない。それはたびたび述べているとおり、総合的にみて「イヌ型」のほうがトクだと計算しているからである。つまり近年の若者は「隠れネコ」であり、別のいいかたをするなら「心はネコで体はイヌ」なのだ。

したがって、環境条件すなわち扱いかたや接しかたさえかえれば、意外と容易に「ネコ型」へ変身できるということである。

上の表に「イヌ型」人間と「ネコ型」人間の特徴をまとめておいた。

第4章　人をみたら「ネコ」だと思え

（1）「ネコ型」人間の育てかた

イエスマンに育てない

世界中で、「ネコ型」人間のイメージにいちばんピッタリ合う国、都市はどこだろうか？

それは自由・平等（と博愛）を柱として国をつくりあげたフランス、とりわけその中心地のパリではなかろうか。実際、自分の個性を前面に出し、人格の自由を主張しながら誇り高く生きるフランス人は「ネコ」そのものである。

そう考えている私は、人々の働きかたや組織・マネジメントを調査するため、数年前からたびたびパリを中心としたフランスへ足を運んでいる。そして二〇一七年の秋には、フランスでどのような学校教育がおこなわれているかに興味をもち、パリとその周辺地域で、幼稚園から高校までの各レベルにおいて教育に関わる人たちにインタビューをおこなった。さらに一部の教育現場を見学させてもらった。

そこでは、期待どおりの姿を見聞きすることができた。

まず、フランスの教育で印象に残ったのは、自分の意見を主張する姿勢を尊重すること、言い替えれば教師や他人に無条件で同調する「イエスマン」になるのを否定していることだ。

パリの私立学校の小学二年生を受けもつ女性教師のSさんは、教育方針の柱として「ノーと言うことを覚えさせる」ことを真っ先にあげた。そしてつぎのように続けた。


授業は私の工夫を取り入れておこなうけれど、そのやりかたに納得できなければ子どもたちが自分の意思を表明することを奨励しています。私もまた、その意見に賛成できなければ自分の意見を述べ、子どもたちと徹底的に話し合うようにしています。

授業のなかにも、「一緒に生活」という教育テーマがあり、そこではノーという子もイエスという子も出てきます。双方の意見を述べ合うなかから互いにリスペクトする気持ちが生まれ、対極にあるものが歩み寄っていくのです。そのプロセスを大切にしています。

このような教育方針のもとで自分の意見を主張する習慣が生まれ、根づいていくのだろう。

以前、私がフランスの大学院生に日本の組織と働きかたについて講義をしたとき、こんなことがあった。後で質問を受けつけると伝えておいたにもかかわらず、講義をはじめて一〇分もたつと、学生がつぎからつぎへと質問や意見を投げかけてくる。結局、時間切れで準備した内容の三分の一くらいしか話せず、質疑応答とディスカッションだけで終わってしまった。

もっとも、イエスマンを育てない、言い替えれば自分の意見をはっきりと主張させ、議論や意見交換を重視する教育方針をとるのはフランスにかぎらない。イギリスやドイツ、デンマークなどでもそのような教育がおこなわれているし、日本でも私立学校、そして近年は公立学校でもディベートやプレゼンテーションを取り入れるところが増えている。

しかし、日本では依然として大学入試が生徒にとっても学校にとっても大きな目標なので、入試対策として必ずしも有利にならない、そうした教育方針は十分には浸透していないようだ。それだけ入試制度、さらにいうならそれを支える社会の価値観や思想の影響は大きい。

幼稚園でも自己選択させるフランス

教えられたことを無批判に受け入れるのではなく、自分の意見を主張する。それをよしとするのは、正解が必ずしも一つではないという前提に立っているからだ。それは多様な選択肢のなかから自分で選択させ、選択に責任をもたせるという考えかたにもつながる。

パリの幼稚園で教えている日本人女性のNさんは語る。

こちらでは、幼稚園児でさえ活動や学習を自分で選べるようになっています。私はいま七人の園児を担当していますが、子どもたちはダンス、アート、団体舞踊、歌、スポーツなど九つのメニューからやりたいことを選んで活動します。活動には外部の指導者も参加していて、以前は元プロボクサーが園児と一緒にボクシングをやっていたこともありました。そして学期の最後に発表会が開かれ、そこで園児たちは活動の成果を披露します。

幼稚園では英語の教育がおこなわれていますが、学ぶか学ばないかは個人の自由であり、強制はされません。この強制されないということの意義は大きいと思います。なぜなら、園児たちに「やらされ感」がないので、自分から学ぼうとするし、叱れば素直に反省します。そして、ちゃんと学習できたときには、表彰状を贈るなどしながら思いきりほめるようにしています。やはり強制するより、ほめるほうが効果は大きいですね。

ちなみにフランスでは、給食も選択制である。幼稚園から高校まで給食は毎日あるが、昼休みの時間が長いので給食をとらず、家に帰って食事をしてもかまわない。給食をとるのも、日本のように教室でみんな一緒に食べるのではなく、グループで順番に食堂へ行って食事をする。まるで社員食堂のような感じである。

ところで、もろもろの選択権は生徒だけでなく教師にも認められている。たとえば教育目標の基準さえ満たせば、授業でどのような教科書を使うかは教師の自由だ。もっとも、教師の選択権が生徒の選択権と必ずしもうまく調和するとはかぎらない。場合によっては、教師の選択権が生徒の選択権を奪う恐れもある。それを防ぐために、教育の目標（基準）が決められているのだ。ちなみに目標は決まっているが、そこへいたる道はたくさんあるという意味で、フランスの教育理念を登山にたとえる人もいる。

ドイツでは一〇歳で進路選択

つぎに進路の選択という視点からみてみよう。

日本では文部科学省の権限のもと、学校間で教育内容に大差が生じないように教育内容が統一されている。そして、公立の小中学校は多くの場合、居住地により通う学校が決められる。それに対してヨーロッパでは、それぞれの学校が個性的な教育をおこなっており、そのなかから個人が選択できるケースが多い。

たとえばオランダの場合、公立校のなかにもモンテッソーリ方式（筆者注：イタリア人の医師で教育者のマリア・モンテッソーリが考案した教育法。棋士として一躍有名になった藤井聡太も受けていた）を取り入れるものがあるなど、それぞれの地区に多様な選択肢を用意することで、その地区の親が遠くに行かなくても選択肢のなかから子どもにふさわしい学校を選べるようになっているという（リヒテルズ 二〇〇四）。

また、早い段階で自分の進路を決めさせているのがドイツである。ドイツでは小学四年生（一〇歳）を終えた段階で、大学進学を前提にしたギムナジウムへ進むか、もしくは基幹学校、実科学校へ進むかの選択を迫られる。

このように、早い段階で将来がある程度決まってしまうシステムには批判も根強いが、それだけ自己選択と自己責任を徹底しているわけである。少なくとも、とりあえずみんなが大学をめざす日本とは対照的だ。

こうしてみると、国や地域によって違いはあるものの、ヨーロッパの主要国に共通しているのは、幼稚園や小中学校の段階から教育内容が多様化していること。そして、日本の大学に近いような自己選択の機会が与えられている（裏を返せば自己選択が迫られている）ことである。そして、大学に入れば教育内容もいっそう多様化し、専門分野に特化した教育がおこなわれる。

自己選択が意欲と責任感を育む

このように、個人の自己選択を重んじることには、教育上どのような効果があるのか。

かなり古い調査だが、比較のうえでは差し支えがないので紹介しよう。総務庁（現総務省）青少年対策本部が一九九三年におこなった「第五回世界青年意識調査」によると、職場生活への満足度（「満足」と「やや満足」の合計）が調査した一一か国のなかでもっとも低いのは日本であり、韓国がそれに次いで低い。ちなみにNH

K放送文化研究所が参加しているISSPが二〇〇五年におこなった国際比較調査でも、仕事に対して満足している人は三二の国・地域のなかで、日本は五番目に低い（NHK放送文化研究所『放送研究と調査』二〇〇九年六月）。

また青少年対策本部の上記調査では、いまの職場で勤務を「続けたい」という回答も日本が最低で、次に低いのが韓国である。逆に「続けたい」という回答がもっとも高いのはドイツで、フランスがそれに次いで高い。

日本にしても韓国にしても、忠義を重んじる儒教的精神の名残があり、これまでは比較的転職率が低かった（ただし韓国は近年、急速に流動化している）。

転職率が低いということは、企業の中途採用も少ないことを意味する。したがって、いったん就職したら転職が容易でないわけである。とくに日本では、新卒一括採用が中心であるため、自己決定感、すなわち自分の意思で選択した会社で働いているという意識が薄い。それが満足度や積極的な勤続意識の低さとなってあらわれているのだろう。

たとえ同じ会社に勤め、同じ仕事をしていても成り行きでそうなったとか、ほかに移れないと思うと不満を感じやすいし、自分の力で人生を切り開けるという自信ももてない。

日本のように新卒で、まだ右も左もわからないうちに就職先を決め、それ以後の転職が難しければ、「自分で選択した」「自分の力で将来を決められる」という意識をもちにくいのは当然だろう。逆に自分で選んだという実感があれば納得するし、責任感も生まれるはずだ。

「辞める」ことを前提にしたら人材が定着した会社

さらに将来についても、選択肢が目の前にあるほうがキャリアの形成に積極的になり、将来に向けて自分を磨き、努力しようという意欲もわいてくる。

つぎのような事例がある。

静岡市にある江崎新聞店は創業一〇八年の老舗企業である。ただ、この業界の特徴として離職率が高く、同社でも入社三年以内に八割が辞めていく状態が続いていた。そこで同社の江崎和明社長は数年前、どうせ早く辞めるなら三年間で経営者として自立できるようにしようというように発想を変え、新卒採用・育成プログラム「CC」という制度を取り入れた。

三年間勤めれば、独立支援金として一〇〇万円が支給される。さらに積立制度を利用すれば、三年間で最大三〇〇万円の資金を積み立てられる。また、いったん退職しても、希望すれば過去に同社で働いた経験を評価した待遇で再入社できる制度も取り入れた。もちろん独立せずに、この会社で店長や事務職として働き続けることもできる。

すると、制度を導入してから四年間で退職者はわずか二人にとどまり、退職率はなんと一割に激減した。複数の若手社員にインタビューすると、「三年という区切りがあるので、がんばれた」という声が聞かれた。

そういえば、かつて就職活動中の学生や新入社員の口から、「何十年もこの会社で働けるか、となると正直自信がない」という弱音が聞かれたことがあった。いつでも辞められる、あるいは数年間だけがんばればよいという考えかたができれば気が楽になり、前向きな姿勢になれるのである。

不安を解消し、積極的にさせるという意味でも自己選択の機会は重要なのだ。

自発性を育てる工夫

もちろん、積極的に自発性を育てる工夫も大切である。

フランスでは幼稚園でも、子どもに想像力をつけさせるため、ロールプレーイングをたくさん取り入れている。たとえば先に取りあげた幼稚園教師のＮさんは、語学の学習もかねて英語を話しながら園児たちに、空想の世界でパリからロンドンまで旅行させるという仮想体験をさせている。仮想旅行から園児が帰ってきたら「ロンドンはどうだった？」と感想を尋ね、それぞれに褒美のシールを与えるという。

また、パリの公立小学校で教えるベテラン女性教師のＭさんは、つぎのような体験を語った。

先日、私が学校へ行くと、たまたま校庭に傷ついて飛べないハトがいました。私はそれを教室に連れていき、そのハトをどう扱うか子どもたちと話し合いました。

かわいそうだから面倒をみようという子もいれば、病気をもっているかもわからないから危険だという子もいます。そこで子どもたちと徹底的に話し合った結果、クラスで面倒をみることになり、無事に飛べるようになるまで子どもたちが自主的に世話をしたのです。

また授業では、自分から発表したいと言う子が大勢います。先日も、ある子が、第二次世界大戦について発表したいと言ってきました。そこで私は、すべてその子に任せて第二次世界大戦の説明をさせたのです。

もちろん小学校低学年のことなので内容のレベルが低く、つまらない発表しかできない子もいます。それでも自分から発表したいと言ってくる子には発表させるようにしています。そして、他の子たちにはその子に協力する姿勢が身につくよう期待しています。

テーマを与えて自主学習

このような教育スタイルは高等学校でも変わらない。

フランス文部省の官僚で、かつては高校で物理や化学を教えていたDさん。彼も教師時代には、生徒にイニシアティブをとらせるように心を砕いてきたという。そして、つぎのようなエピソードを紹介してくれた。

ある高校では、複数の教師たちがそれぞれ考古学、物理、技術の科目を教えていました。たまたま一人の教師がつぎのようなアイデアを思いつき、提案しました。一八世紀に活躍したアレクサンダーという探検家について学習させようと言うのです。

彼はまず、三科目の授業をまとめて、複数の冒険家に関して述べられた、いろいろな文献を生徒に与えました。ある文献には、探検家が海に出かけて太平洋のとある緑の島にたどり着く様子が描かれています。それを読ませながら教師は、その探検家がだれなのかを生徒に当てさせました。

つぎに、探検家がどのようにして船をつくったかを勉強することによって技術を学べるようにし、また船がどのような理屈で海に浮かぶかで物理を学ばせたのです。

さらに生徒たちはいろいろな文献を読み進めていくなかで、もしかしたらこの船は一八世紀のものかもしれないと、年代まで推理できるようになりました。

こうして一つの題材をもとに考古学、物理、技術という三科目を学ばせたのです。

このようなエピソードや自分の教育体験を話したあとで彼は、「けっして教師が多くの課題を与えすぎてはいけない」と締めくくった。

ちなみに、こうした教育方法はフランス特有のものではなく、たとえばドイツのインターナショナルスクールでも、ある音楽家について研究させるなどテーマを決めて学習させている。しかも幼稚園の段階からそれをやっているそうだ。

クラス全員でほめ合う小学生

近年、日本でも小中学校を中心に、問題の発見や解決に主体的に取り組ませるアクティブ・ラーニングを取り入れようとする動きが活発になってきている。また、他人に対して自分から働きかけたり、コミュニケーションをとったりできる子を育てようと取り組んでいる学校もある。

私は数年前、教育者の菊池省三が唱える「ほめ言葉のシャワー」を取り入れている熊本市立池上小学校を訪問した。そのとき、学校をあげて児童がクラスで互いにほめ合うという取り組みをしていた。

そのなかの一年生の教室を覗くと、そこでは日直の子が教壇の前に一人で立っている。クラスの子が一人ひとり前に出てきて、その日直の子に対し、児童自らが考えてきたほめ言葉を伝える。たとえば「○○さんは大きな声で発表できてえらいですね」というように。すると、こんどは日直の子が「△△さんはいつも笑顔でやさしいですね」、などと一人ひとりに感謝の言葉やほめ言葉を返す。いずれの言葉も通り一遍ではなく、一人ひとりに対して、具体的な内容になっているのが印象的だった。

池上小学校では、この取り組みをするようになってから、児童が相手をよくみるようになり、自分の考えをもてるようになったし、自己肯定感も高まった。そして不登校がなくなり成績も上がったという。また自分から進んで挨拶し、行動する子どもが増えたそうだ。

保育園児をもてなす取り組みで成績もアップ

生徒が自発的な活動をとおして成長するための取り組みをしている中学校もある。京都市立のK中学校では、地域にある七つの保育園と連携し、生徒たちが園児を楽しませるにはどうすればよいかを自分たちで考え、実践させる活動をおこなっている。

まず生徒たちは、どうすれば園児たちを楽しませたり、役立ったりできるか、時間をかけて計画する。そのうえで自分たちが実践するのである。たとえば園児たちを学校へ連れてきて一緒に土地を耕して芋を植え、時期がきたら芋掘りをするなど、生徒が園児をもてなす。また園児を学校へ連れてくる際には、あらかじめ保育園に行って下見をしたり、学校へくる道で危険な場所を園児に教えたりするような準備も自分たちがおこなう。

この取り組みをはじめた背景には、公立中学校が抱えている大きな問題があった。二〇〇二年ころは、全国各地で「荒れる中学」が問題になっていた。当時、別の中学校に勤務していたT教諭は、問題の背景に生徒たちの自尊感情や自己肯定感の低さがあるのではないかと想像した。そして、生徒に主体的に人の役に立つ行動をとらせることで、自尊感情や自己肯定感を高められるのではないかと考えた。

新たに赴任したK中学校の生徒も例外ではなく、たとえば「私は自分が好き」「私には良いところがある」「クラスの人の役に立つことができる」という各項目の値がとても低かった。そして、イジメや校内暴力が後を絶たず、不登校者の割合も全国平均をはるかに上回る状態だった。そこで、K中学校でも先に紹介したような取り組みをはじめたのである。

さらに、K中学校では学区にある小学校もこの活動に巻き込み、小中学校の九年間にわたる取り組みをはじめた。やがて「私には良いところがある」「クラスの人の役に立つことができる」という回答の数値が上がるなど変化があらわれてきた。そしてK中学校では、イジメが激減し、不登校も大幅に減少した。それと並行して学力も上昇していった。

これも第2章で取りあげた「ネコ転」の例であり、他人に対して自ら関わることを通して自分自身が成長するということがわかる。このケースにみられるように、好循環は、生徒たちが自発的に行動するところからはじまることが多い。まず行動ありきなのである。

大学もまた、学生が主体的に学習する力を養わせるよう、少しずつ変わろうとしている。

大学のゼミといえば、かつては学生に文献を読ませて順番に発表させるというスタイルが定番だったが、最近では、学生主体で研究プロジェクトに取り組ませたり、テーマを与えてディスカッションさせたりするスタイルが広がっている。また学生による自主ゼミを単位として認める大学も増えている。

自分の夢をみつける合宿

ただ前述したように、日本では大学受験が絶対的な重みをもっているため、高校までの課程では、大学入試に直結しない学習にはどうしても力が入りにくい。それは大学入学後にも尾を引き、受験勉強以外に関心をもたなかった学生に対して、自発的な学習姿勢をもたせるのは難しいのが現実である。

そこで対策として、小中学生など、比較的早い段階から受験以外の目標あるいは受験の先にある目標をもたせることが必要になってくる。

子どものころに科学者の伝記を読んで自分も科学者になろうと決心し、科学者として大成した人がいる。またプロ野球選手をはじめスポーツ選手のなかには、子どものころにスポーツ教室で有名選手から声をかけられて感動し、それがきっかけでスポーツ選手への道を歩んだという人が少なくない。第2章でも述べたように、夢や目標の力はそれだけ大きいのである。

問題は、せっかく抱いた夢や目標を受験という動かしがたい現実のなかに、いかに落とし込むかであろう。

ある学習塾では子どもたちに、まず将来の夢を抱かせるという教育方針をとっている。夢をみつけるための合宿をおこない、子どもたち一人ひとりに将来どのような大人になりたいか、どのような人生を送りたいかを真剣に考えさせ、みんなの前で発表させる。発表することによって自覚が生まれ、周囲からも認められるのだ。このようにして、明確な夢が抱けるようになったら、そこから逆に考えて、いま何をすべきかを理解させる。

将来の夢がもてたら、高校や大学にもただ漫然と進むのではなく、目的意識をもって自発的に学びに行くようになるはずだ。現に、この塾では合宿の前後で子どもたちの表情が変わり、自ら本を読みはじめたり、習いごとをしたいと親に言い出したりするなど、勉強に対する意欲が顕著に高まるという。

やはり、技は「盗む」(?)もの

イヌには、「待て」や「お手」だけでなく芸もいろいろ教えられるが、ネコにはそれができない。そのかわり、ネコは親ネコや人間がするのをまねたり、試行錯誤して学んだりする。

母ネコに連れ添った子ネコは、母ネコと同じようなかっこうをして飛んでいる虫を捕ろうとし、母ネコが人に甘えたら自分も甘える。家飼いのネコは自分でドアの取っ手を回して部屋に入ってくるし、菓子の入っている引き出しを開けて食べるようになる。冷蔵庫のドアを開けて食べ物を盗み出したり、水道の蛇口を開けて水を飲んだりするネコや、水洗トイレで用を足し自分で水を流すネコもいるそうだ。おそらく人間の行動をみてまねたか、いろいろと試しているうちに学習したのだろう。

いずれにしても、教えられたのではなくネコ自ら学んだのである。

職人の世界では昔、「技は師匠から教えられるものではなく盗むものだ」といわれた。冷たく突き放しているようだが、実は学ぶことの本質をとらえているのかもしれない。

すでに述べたように、「直感」や「勘」のようなアナログ的な能力がますます重要になってきているにもかかわらず、アナログであるがゆえに教えることが難しい。言葉にして伝達できないからだ。たとえ教えられたとしても、大事な勘所はなかなか伝わらない。そのうえ言葉を介さないので、相手が何を学ぼうとしているかもわからない。

また、教えられるという態度は受動的である。そもそも技を自分のものにしようという意欲がともなっていないと、教えても身につかない。たとえば英会話にしても、学校で何年間も勉強してもなかなか話せるようにはならないが、留学や海外赴任など差し迫った必要があるときには意外と早く上達するものだ。パソコンなど機械の操作にしても同じである。

アメリカの調査機関ロミンガー社の調査によると、能力開発の効果は七〇パーセントが実務経験によって身につき、指導や助言、研修によって身につくのはそれぞれ二〇パーセントと一〇パーセントにすぎないそうだ。

やはり、教えられるより自分で経験しながら学ぶことが大切なのである。

教師、上司はサポーター

では、教師や上司は何もする必要がないのかというと、もちろんそうではない。

たとえば、先に紹介したK中学校の場合、教師が生徒に対して、保育園児たちはふだんどのような生活や遊びをしているかといった情報を与えたり、活動に必要な時間、場所、資金を提供したりする。また実際に生徒が活動したら、担任の教師や他の教師、下級生の保護者、地域の人たちが四方八方からほめるようにしている。

主役はあくまでも生徒自身であり、教師や親の役割は一種のサポーターなのである。それは職場でも同じである。

大企業で、社長や副社長の地位に就いた何人かの人が、課長時代を振り返り、まったく同じようなことを話していた。それを興味深く本人から聞いた記憶がある。

彼ら曰く、部下の管理はもとより、指導もあまりしなかったそうだ。課長といえば現場を束ねるマネジャーであり、若手の管理や指導に力を入れてもよさそうなものである。ところが、彼らはあえてそれに力を入れず、狭い意味での管理や指導以外の仕事に注力したのである。

こうした部下に対する態度は、リーダーシップのタイプでいうなら、「委任型」もしくは「放任型」に近い。ただ、まったく何もしなかったわけではない。内部の仕事は部下に任す一方で、外つまり他部署や取引先などには「うちの部署には、こんな優秀な部下がいる」と宣伝して回ったという。そして、ときには部長など上司や他部署の圧力から体を張って部下を守ったそうだ。

部下の立場からすると、重要な仕事を任され仕事をこなすことで、組織の内外から注目され評価される。しかも上司は自分を「宣伝」してくれたり、壁になってくれたりする。

部下はそれでやる気が出ないはずがないし、責任も自覚する。当然ながら成長するのも早い。そして部下が成長し業績も上がれば、管理職の評価が上がるし、恩義を感じている部下がこんどは上司を支えてくれる。それが上司の出世を後押ししたのかもしれない。

教師や上司によるサポートのしかたは、もちろんほかにもある。それについてはつぎの節で述べよう。

（2）「ネコ力」を引き出すには

努力の先に何があるのかを示す

近年、スポーツの世界では日本人の活躍がめざましい。水泳、卓球、バドミントン、フィギュアスケートといった競技では、一〇代の選手が国際大会で優勝するし、大リーグのイチローやスキージャンプの葛西紀明のように、四〇代半ばになっても世界の檜舞台で活躍する選手もいる。

スポーツだけではない。将棋の棋士、藤井聡太や羽生善治、囲碁棋士の井山裕太は前人未踏の記録を打ち立てている。またノーベル賞は、二〇一四年の赤崎勇、天野浩、中村修二、二〇一五年の大村智、梶田隆章、二〇一六年の大隅良典と、ここ数年は毎年のように日本人の受賞者が誕生している。

彼らは、いずれも優れた感性と創造性を遺憾なく発揮し、偉業を成し遂げた。その能力や感性、創造性を引き出したのが前章で述べた「遊び」感覚であるといってもよい。けれども「遊び」感覚だけで偉業が成し遂げられるわけがない。一方で彼らは血のにじむような努力を重ねてきたはずだ。

その努力を支えているものは何か。

五一歳になっても現役を続ける「サッカー界のレジェンド」三浦知良は、練習で若い選手より一歩先を走り、一回多くストレッチしようとしている。その原動力は何かと聞かれると、「ワールドカップに出ること」と答える。

彼に象徴されるように、人並み外れた努力の原動力になっているのは、やはり夢や目標である。若くして世界で活躍するようなスポーツ選手は、幼いころからオリンピックや大リーグを目指して自分を限界まで追い込みながら練習してきた。ノーベル賞受賞者もその自伝を読めば、難病をなくす薬を開発したいとか、未知の現象を世界のだれよりも早く説明したいというような志や野心が、一心不乱に研究に打ち込む原動力になっていたことがわかる。

偉業を成し遂げた特別の人にかぎらず、自ら努力を続ける人の心のなかには、その人なりの夢や目標が隠れているものだ。

ある居酒屋チェーンの経営者に話を聞くと、将来の独立を目指している者は表情や仕事ぶりですぐわかるという。いずれ自分の店をもとうという夢があると、たとえきつい仕事でも耐えられる。それどころか、お金をもらいながら訓練させてもらっていると思えば、少々待遇が悪くても気にならず、積極的に仕事に向き合える。

このように、彼らは夢や目標があるからひたむきに努力する。そこが権威を無条件に受け入れる「イヌ型」と似ているようで違う点である。

つまり、「隠れネコ」であるいまの若者は、夢や目標が抱け、自分で納得しないかぎり本気でやろうとはしない。それは第2章で紹介した、高校野球や大学駅伝の監督が経験した挫折と栄光のドラマからも伝わってくる。彼らが若かった時代と同じ方法が、いまは通用しなくなっているのである。

理屈抜き、理不尽が通用しなくなったともいえる。いまの若者は表面的に上からの指導や命令を受け入れ、イヌのような従順さを示していても、心のなかでは納得していない。そのため本物の意欲はわかないし、成果もあがらないのである。

したがって、魅力的な夢や目標をもたせられること、そしてどうすれば夢や目標にたどり着けるかを理解させることが「隠れネコ」を本物のネコにするためのポイントだといえよう。

自然に親しむことが大切なわけ

つぎは日常の学習や仕事において、いかに「ネコ力」を引き出すかである。

前章で述べたように、これからの時代に強みとなる能力は「直感」であり、それを最大限に発揮させるのは「遊び」感覚のモチベーションである。

既述のとおり、「直感」は知識や理論と無関係ではない。それに説明できない「＋α」が加わったものが直感である。したがって鋭い直感を働かせるためには知識や理論などを含めた「情報」がいる。

また「遊び」がワクワク、ドキドキさせるのは結果が不確実であり、なおかつ自分の力で結果に影響を与えられるときである。このこともすでに述べた。ただ結果がどれだけ不確実か、自分の力でどのような結果が得られる（可能性がある）かは情報がなければわからない。さらにライバルや競争相手、周囲の環境といった刺激によって「遊び」はいっそうエキサイティングになる。その刺激もまた、広い意味では情報に含まれる。

よって、「ネコ力」を最大限に引き出すために必要なのは情報だということになる。一般的なみかたをするなら、現在は情報にあふれている。ネットを検索するだけで、あるいはスマートフォンに向かって話しかけるだけでたいていの情報は得られる。しかし、そのレベルの情報だけでは質の高い直感は得られないし、ワクワク、ドキドキするような「遊び」感覚のモチベーションも生まれない。

大切なのは、脳に直接働きかける「みえない情報」である。いや正確にいうとみえている場合もあるが、それを感じ取るプロセスのほうが何倍も重要なわけである。

先にあげた野球やビジネスの例でいうなら、相手投手の表情から読み取った不安や、木の葉の色づきから感じ取った厳冬の気配などがそれである。さらに仕事では、取引先との会話のなかから商談の成否が予想できる場合があるし、会場の空気で議論の行く末が読める場合もある。そして、成功する見込みがあると感じたらワクワク、ドキドキする。

つまり、五感に働きかける「みえない情報」こそが直感の質を高めるし、「遊び」をエキサイティングにするのである。

俗に創造性や感性を豊かにするには、野山や草花など自然に親しんだらよいとか、優れた音楽や絵画などの芸術に触れる習慣を身につけろ、とかいわれる。自然にしても芸術にしてもアナログ情報をたくさん含んでいるので、直感を養い、「遊び」のモチベーションを刺激するのだろう。

「みえない情報」はいたるところに存在する。しかし、それが役に立つか否かは本人にもわからない。したがって「犬も歩けば棒に当たる」ではないが、できるだけ異質で変化する環境を用意することが大切だ。学校教育では体験学習や海外留学、企業で働く人の場合は異業種交流会への参加、他社への出向・派遣などがその例であり、顧客とふれあって生の声を聞くのもよかろう。

また一つの職場でいつも同じ人と机を並べていては、新しい情報も入ってこない。

その意味では個人の席を固定しない、フリーアドレス制を取り入れるとか、社外の人と働く場所を共有するサテライトオフィスなどにも一定の効果が期待できる。

さらに主体性を尊重する点からも、個人が自発的に自己啓発をして、会社がそれを金銭や時間の面で支援するという方法がある。教育事業を展開するベネッセコーポレーションなど、以前からこの方法を取り入れているところもある。

いずれにしても、強制色があらわれたら逆効果になる。必要な環境を与えながら、自ら行動するようさりげなく背中を押すとか、本人と一緒に夢を語るという程度の関わりかたが望ましい。

「承認」で挑戦意欲をかき立てる

「みえない情報」のなかで、もう一つ大切なのが自分自身についての情報である。だれでも他人はみえるので評価することもできる。ところが自分自身はみえないので、自分にどれだけ能力があるかわからない。自分の能力がわからなければ、挑戦しようという意欲もわかない。したがって他人や周囲からのフィードバックが必要になる。たとえていうなら、自分自身を映す「鏡」のようなものが必要なわけである。

多くの場合、「鏡」の役割を果たすのが他人からの評価である。とりわけ「やればできるかもしれない」という自信と期待をもたせてくれるのは「承認」、すなわち、ほめられたり認められたりすることである。実際、ほめたり認めたりすること、あるいはそのチャンスを与えることにはモチベーションを高める効果がある。

私が幼稚園児や中学・高校の生徒を対象におこなった研究では、ほめられた子は勉強に充実感を覚え、自己効力感（やればできるという自信）が強くなっていた。また教師が意識的にほめるようにした幼稚園のクラスでは、教えなくても自ら身ぶり、手ぶりで動作にも抑揚をつけて演技するようになるなどの効果がみられた（太田二〇一三）。

会社でもほめたり、認めたりすることで社員の自己効力感や挑戦意欲、内発的モチベーション（仕事そのものの楽しさや挑戦心にかきたてられるモチベーション）が向上することが明らかになっている（太田 二〇一一）。さらに、ある大手保険会社でおこなった研究では、ほめると社員の営業成績も顕著に高まった（太田二〇一三）。いわゆる「ハレの舞台」を用意することも、意欲の向上につながる。社内に表彰制度を設けたり、仕事の成果を自分の名前で発表させたりすることで、若手社員が俄然やる気を出し、離職者が減ったという例がある。

また会社や役所のなかには、経営や行政の課題を若手に考えさせるジュニアボードのような制度を取り入れているところが増えているが、そのねらいの一つは、若手の意欲向上である。同じような趣旨から、職場で定期的に研究会を開き、希望者に順番で発表させている会社では、社員の愛社精神が高まり職場の連帯感が強まったという。周囲の人が自分に注目してくれた、話を聞いてくれたという満足感が得られたからだろう。

とくに年功序列が残る日本の組織では、若手が主導権を握り活躍できる機会は少ない。したがって、比較的責任の軽い仕事、たとえば社内のイベントやレクリエーションなどは若手にすべて任せたほうがよい。認められる機会が増えるだけでなく、そこでの経験が主体性やリーダーシップを養うという効果もある。

(3)意図せぬ「イヌ扱い」を防ぐには

「自立型社員の育成」はなぜ失敗するのか?

「受け身ではなく、自ら学ぶ人間を育てなければいけない」、「自立した社員を育成する必要がある」――。

ずいぶん前から、学校でも会社でもこのようにいわれ続けてきた。少なくとも表向きは「イヌ型」から「ネコ型」への変身が期待されてきたといってよい。そして教育現場でも、職場でもそれなりに取り組みがなされてきた。しかし第1章で紹介した現状にあらわれているように、目立った効果はみられず「掛け声倒れ」に終わっているケースが多い。

なぜ効果があがらないのか。

それは、取り組みの背後にある大きな自己矛盾に気づいていないからである。

つぎのようなケースが象徴的だ。

学校では「自発的な学習」を成績に反映させるとか、ボランティア活動を単位にカウントしたり、入学判定に取り入れたりしている。それでは自発的という名ばかりで、半ば強制された自発性にすぎない。実際に高校時代、大学の推薦入試やAO入試を目的にボランティアをやったという学生は珍しくない。それがきっかけになるなら意味もあるが、大学入学後はボランティアなどやっていないという学生が大半だ。

一方、「自立型社員の育成」と銘打った企業の研修では、細かな研修プログラムを組み、受講生にはこなせないほど多くの課題を与えている。また自立した行動ができているかどうかを人事評価の項目に加え、上司が目を光らせている会社も多い。

過去を振り返ってみても、かつて日本企業を席巻したQC（品質管理）サークルなどの小集団活動も、「自主的活動」を売り物にしながら、「原則全員参加」という相矛盾した方針をとり続けていた。「自主」「自立」を唱えながら、それとはまったくそぐわない方法をとってきたのだ。

「イヌ扱い」しながら「ネコ型」人間を育てようとしているといってよい。

背後にあるのは、コントロールしなくても思うように動いてほしいという、都合のよい本音である。会社では、細かく指示しなくても会社の事情や管理職の意向を「忖度」し、望むように動いてくれる、よりハイスペックな「イヌ型」社員になることを期待しているわけである。

当然ながら、それでは「ネコ型」人間は育たない。ネコには相手の作為を敏感に読み取る能力がある。手をさしのべても、こちらにちょっとでもねらいがあるとわかれば逃げてしまう。それと同じで、本物の「ネコ型」人間として育てるには、親、教師、上司の思うような方向に育てようという下心を捨てなければならない。「作為を捨てる」こと。それが「ネコ型」人間を育てるための大原則である。

自分だけ「ネコ」になってはいけない

もう一つ、陥りやすいワナがある。

ここで、いままでに紹介した具体的なエピソードを思い出してみよう。

・上司がけがをして会社を休んだら、「指示待ち」の部下が責任感を持って仕事をこなすようになった。
・病院、介護施設、少年院などで入院患者や入所者がペットと触れあえるようにしたところ、彼らが元気を取り戻した。
・大学に後輩が入ってきて、受け身だった学生たちが見違えるほど積極的になった。
・新入社員に仕事や生活面で指導するメンター制度では、メンティー（新入社員）よりもメンター（指導役の先輩社員）の成長が著しい。

これらは、いずれも「イヌ扱い」されてきた人が「ネコ扱い」されるようになり、眠っていた意欲と潜在能力が呼び覚まされたためだと考えられる。

では、それで問題がすべて解決されたのかというと、残念ながらそうではない。

そこに欠落しているのは、後輩、メンティー、部下をみる視点だ。

たしかに上級生になった大学生や、メンターは「イヌ扱い」から解放され、存分に力を発揮できるようになった。はじめて部下をもち、張り切って仕事をしている人もおそらく同じだ。しかし、それがこんどはメンティーや、下級生、部下を「イヌ扱い」することになっている事実に案外気づかないケースが多い。

イギリスの動物学者D・モリスは、「芸術家は猫を愛し、兵士は犬を愛する」と言った。

作家や芸術家に愛猫家が多いのは、おそらく彼ら自身が「ネコ型」だからであろう。自分が他人に支配されたくないし、他人を支配しようという欲望ももたない。それに対して階級組織に属する兵士は、支配と服従をごく当然のことと考えている。実際、タテ組織のなかで「イヌ扱い」されてきた人のなかには、自分がトップに立って「イヌ扱い」から解放されたとたん、さも当然のように他人を「イヌ扱い」する人がいる。高校や大学の運動部などでもよくみられる光景だ。

思い入れを捨てよう

このように「イヌ型」社会、「イヌ型」文化が定着している日本では、自分が「イヌ扱い」から脱却できても、他人を「イヌ扱い」するケースが多い。

そのため、「イヌ扱い」されたメンティー、下級生、部下は所有感や自己効力感が得られないし、ほんとうのやりがいももてない。先輩や上司が張り切って指導するぶん、後輩や部下はその負担を受け止めなければならないわけである。その負担が蓄積すると、表面的には従順に育っているようでも、いつか反発したり、問題行動を起こしたりする。

そこで大切なのは、自分の心のなかに隠れている他人を管理したい、思うように扱いたい、指導したいという欲望から目を背けないことである。

そもそも過剰な管理や指導は善意、すなわち相手に対する大きな期待や思い入れから生じることが多い。さらに体罰や虐待、DV、パワハラなどのなかにも過剰な思い入れが発端になっているケースが少なくない。

もちろん、だからといって部下や後輩に対する指導や助言が不要だというわけではない。指導や助言を「喜び」にするのは危険だといっているだけである。むしろ最低限の指導や助言をする「責任がある」というくらいに自覚しておいたほうがよい。そうすれば過剰にならないし、相手に「やらされ感」をもたらすこともない。あくまでも主役はメンティー、下級生、部下の側なのだから。

本音を出すと気持ちが通じる

「ネコ型」人間がいちばん嫌うのが、いわゆる「上から目線」である。ふだんは温厚な人でも、パターナリズムのにおいを感じたら別人のように猛反発することがある。

ところが私たち「タテ社会」になじんだ人間は、無意識のうちに「上から目線」になってしまう。日常生活だけでなく、会社や学校などの制度や、制度を運用する際の流儀にもそれが染みこんでいる。

会社に新卒として採用され、社員として働きはじめるプロセスを例にとってみよう。まず、会社が社員を採用する際には、応募してきた学生を書類などでふるいにかけ、試験やいくどかの面接を経て、採用するにいたる。そこでは仕事に必要と思われる能力だけでなく、模範的な態度やふるまい、発言などが要求される。

いったん入社したら、研修でお辞儀の角度から名刺の渡しかた、敬語の使いかたまで細かい作法を徹底的に教えられる。配属先ではさっそく公園で花見の場所取りをさせられることもある。そして職場に入ると、隣と仕切りのない机で上司や先輩にみつめられながら、毎日の仕事をこなすことになる。上司や先輩より先に帰るときはもちろん、トイレに行くなどちょっと席を外すときでも断らなければならない。

上司が部下の態度や意欲を評価する情意考課、「ホウレンソウ」の徹底、会社主導による異動や転勤（いずれも第1章で既述）はいずれも完全な「上から目線」である。

それだけではない。かつて流行した人間関係管理、たとえば部下に寄り添い悩みを聞いてやるカウンセリング、仕事帰りに部下を連れていって一杯やる「飲みニケーション」なども、気づかないだけで本質は同じだ。

しかしネコは「タテ社会」ではなく「ヨコ社会」、つまりフラットな社会の住人である。したがって上司と部下の関係はもちろん、親子、教師と生徒などの関係も可能なかぎり対等な関係を心がけるべきである。もちろん役割の上では厳然たる上下関係が必要だが、そこに人格的な上下関係を持ち込まないのがポイントだ。

たとえば上司が部下を叱るときも、「君は消極的な性格だからチャンスを逃すのだ」とか、「仕事に対する向き合いかたを反省したまえ」などと人格や態度に触れるのではなく、どこがどのように問題であるかを具体的に指摘し、改善のポイントを端的に助言したほうがよい。

また部下のやる気がなくて業績が上がらないときも、「そんな成績ではいつまでも昇格できないぞ」と注意するより、「君の成績が悪いと私も部長に怒られるからがんばってくれよ」とか、「早く仕事を片づけてくれないと、私も帰れないから困るんだ」と本音をぶつけたほうが耳を傾けてくれることが多い。上下の関係より対等な関係のなかで要求したほうが受け入れられやすいのである。

自分のことに専念する

ただ「言うは易し、おこなうは難し」である。管理したいという欲望を捨てようとか、過剰な思い入れをなくそうといっても実行するのはなかなか難しい。

かつて、ベストセラーとなった経営書『エクセレント・カンパニー』の著者の一人R・H・ウォータマンは、過剰な管理によって企業の生産性が低下している事実を指摘したうえで、こう述べている。「最大の問題は『管理したい』という欲求を抑える方法を本能的に体得している人が、あまりにも少ないという点なのだ」と（ウォータマン　一九九四）。

では、どうすればよいのか。

それにはまず、過剰に管理・干渉したがる人に注目してみるとよい。彼らには共通点がみられる。

たとえば、子育てを生きがいにしている親。管理職に昇進し、部下の管理こそ自分の仕事だと張り切っている人――。

いずれも他人への関心が強すぎるのである。やっかいなもので、もともと意欲的な人ほど親や管理職になったとき、その意欲を子や部下に向けやすい。しかし、それがしばしば相手の意欲と成長を阻害しているのだ。

その意欲を自分の仕事に向ける、つまり自分のことに専念すれば、わが子や部下を「ネコ扱い」できるようになる。実際、わが子のため、部下のためといいながら、冷静に振り返ってみると、子や部下のためという口実で自分を正当化し、自身の仕事や人生にまともに向き合うのを避けていることが少なくない。

まずは、自分自身とまともに向き合う必要がある。そして親は仕事でも、趣味でも、社会貢献でも、何でもよいので自分自身のことに生きがいをもつこと。管理職の場合も同様だ。そもそも管理職の役割は「仕事」の管理であり、「人」の管理はそのための手段に過ぎない。それを自覚し、「仕事」の管理に専念することだ。もちろん相手に対して無関心ではいけない。中程度の関心をもてばよいのである。

自分が「ネコ」になり、自分のことを生きがいにする。それが過剰管理、過干渉を避けるための効果的な対処法である。

第5章　京都に学ぶ「ネコ型」社会のつくりかた

（1）「遊び」から価値を生み出す京都人

「イヌ型」社会のなかの「ネコ型」社会

唐突だが、日本でもっともネコ派が多いのは、どこの地域かご存じだろうか。情報サイトのJタウンネットが二〇一四年の八月と九月に「犬と猫、どちらが好きですか？」というアンケートをおこなった。その結果をみると、東京や大阪など人口密度が高い一〇都府県のなかで、京都はネコ派の比率がもっとも高く、唯一七〇パーセントを超えていた。

たしかに京都にはネコが似合う。

古い町屋の軒先には、三毛猫が目を細めながら日向ぼっこをしている姿をよくみかけるし、お寺の境内には野良ネコが何匹もうろついている。当然、ネコをかわいがる人も多いので、野良ネコはどこにいても食いっぱぐれることはない。あまりにも多くの人が野良ネコにエサをやるので、糞尿の害などが問題になり、二〇一五年には、全国ではじめて罰金つきの「エサやり禁止条例」が施行されたくらいだ。

あらためていうまでもなく、京都はもっとも日本的な街でもある。歴史のある神社仏閣や街並み、古いしきたりや伝統がたくさん残っている。また婉曲な表現や本音と建前との使い分け、外から来た人にはなかなか溶け込みにくい閉鎖性も、京都人の特徴としてしばしば指摘される。

このように京都には、よい意味でも悪い意味でも「日本らしさ」が凝縮された街というイメージがある。したがって、単純に考えたら典型的な「イヌ型」社会であってもおかしくない。

ところが意外にも京都は「ネコ型」社会の性格を備えている。そこがとても興味深い点だ。

前章で取りあげたパリをはじめ、海外には「ネコ型」社会が珍しくない。しかし、そこでのやりかたをそのまま日本に取り入れようとすると、日本特有の社会構造や風土、慣行といった壁にぶつかることが多い。すぐ「欧米と日本は違う」といった話になる。

しかし、京都はその壁をうまく乗り越えて、「ネコ型」社会をつくっているのである。したがって、日本社会を「ネコ型」に変えるうえで格好のモデルになるはずだ。

では、京都のどこに「ネコ型」社会の特徴があるのか、どのようにして「ネコ型」社会をつくってきたのかをみていこう。

京都の強みは「遊び」にある

すでに述べたとおり、「ネコ型」人間の突出したモチベーションの源泉は、「遊び」感覚にある。自発的な「遊び」こそが人間の潜在能力を最大限に発揮させるのである。

そして、この「遊び」が京都の独自性と強みになっている。

京都で大人の遊びといえば、まず連想するのが芸子遊びだろう。昔に比べると廃《すた》れたとはいえ、いまでも祇園界隈の花街へ行けば、地元の旦那衆や企業の接待客などで賑わいをみせている。近年は独特の文化を一目みようと海外からやってくる観光客も多い。

色香抜きの遊びも歴史が古く、平安時代の貴族は蹴鞠《けまり》や独楽《こま》回し、双六《すごろく》などを優雅に楽しんだ。そして、その一部は現在も京都の子どもたちに受け継がれている。また映画発祥の地とされ（諸説あるが）、いまでも太秦では時代劇の収録がおこなわれている。古い町屋や神社仏閣を散策していると、映画のロケに出くわすこともある。

一方で、京都は新しい「遊び」もつぎつぎと生み出している。フォークソングやライブハウスなど若者文化の拠点としての役割を果たしてきたし、マンガ学部をそなえた京都精華大学や、京都国際マンガミュージアムといったユニークな施設もある。「遊び」が芸術や文化のなかに浸透しているのだ。

前章で述べたように、創造は「遊び」である。京都は大学の街であり、人口比からすると京都府は全国の都道府県で大学がもっとも多い。その大学が輩出した人材や、大学が直接・間接に関わることによって生まれた技術が、企業活動にも大きな貢献をしている。

その象徴が研究開発型、技術集約型の企業群である。京都はベンチャー型企業が育つ土地であり、京セラ、オムロン、堀場製作所、村田製作所、ロームといった世界に名の知れた企業がたくさん誕生している。同じ製造業でも、少品種大量生産型の企業とは違い、これらの企業は創造性や革新性といった「遊び」の要素を売り物にしているところに特色がみられる。

また、一見したかぎりでは、無関係のようだが、京料理にしても呉服にしても「京」というブランドで高値がつくのは、「遊び」の精神から生まれた職人の繊細な感覚と技能が高く評価されているからである。

すでに述べたように、「遊び」が不確実性の上に成り立ち、人間の本質に根ざすものである以上、いくらAIやロボットが進化しても、遊びが消滅することはない。したがって京都の街も、見通せるかぎりにおいて衰退することはないだろう。

では、なぜ京都で「遊び」の精神が生かされてきたのか。それは、つぎに述べる社会の仕組みと関係がありそうだ。

（2）「ネコ型」社会を築いた京都人の智恵

なぜ日本は「イヌ型」社会になったのか？

人の行動は周囲の環境に左右される。くり返し述べているように日本では学校も、会社（職場）も、そして一般社会も人を「イヌ扱い」しやすい構造になっている。そのため放っておくと自然に「イヌ型」社会になってしまう。

それが日本社会の特徴なのだ。京都は日本のなかでも、日本社会の特徴を豊富にそなえている。それをみて、体験するために海外から訪れる観光客も多い。

ところが京都に住んでみると、むしろ「ネコ型」社会としての特徴がたくさん含まれていることがわかる。もしかすると、放っておくと「イヌ型」社会になりやすいので、住民たちが長年にわたり「ネコ型」社会をつくろうと努力してきたのかもしれない。

なぜ京都は「イヌ型」になりやすい条件を克服し、「ネコ型」社会を築けたのか。その秘密を明らかにすることで、日本を「イヌ型」から「ネコ型」の社会に変えるヒントが得られるかもしれない。

そこで遠回りになるが、なぜ日本が「イヌ型」社会になったのかという話からはじめよう。

人の評価は、どこに基準を置いてみるかで大きく違ってくる。同じ人でもよいところに注目すれば評価が高くなるし、悪いところに注目すれば低くなる。いわゆる加点評価と減点評価だ。

それは評価する人によって違うし、社会や文化によっても違う。

多くの人が実感しているように、日本の社会では何かにつけて減点評価に偏りがちになる。魅力的な個性を備えているとか、秀でた能力を持っている、業績が卓越しているというようなポジティブな面より、ミスをしない、分《ぶ》をわきまえ和を乱さないなどネガティブな面に焦点を当てて評価する傾向がある（太田 二〇〇七）。

実際にいくら優秀で大きな実績をあげていても、分《ぶ》をわきまえなかったり、和を乱したりすると排除されることがある。それどころか「出る杭は打たれる」とか「高木は風に打たれる」といわれるように、突出すること自体を妨げようとする風土も存在する。

このような風土のもとでは組織も社会も「イヌ型」になりやすい。自発性や積極性の発揮を期待するより、突出したり、和を乱したりさせないように管理しようとするからである。

原因は「ゼロサム」構造にある

では、なぜ日本の社会がそうなったのか。

それは、社会の構造と関係がある。日本はもともと島国で人の流出入がかぎられてきた。そのなかで人々は、食糧も資源も分かち合わなければいけない。このように総量が決まっていて、だれかが得をすると、そのぶんだれかが損をする関係を、差し引きゼロになるという意味で「ゼロサム」という。

食糧や資源のような物質だけではない。今日の日本は貿易依存度が低く、国内消費の比重が比較的高い。そのため企業はかぎられた顧客の奪い合いになる。コンビニや外食チェーンでは客を引きつけるため価格を一円でも安くしたり、営業時間を延ばしたり、ぎりぎりの競争を繰り広げる。

さらに閉鎖的な社会のなかでは、地位や名誉もまたゼロサムである。地位が高いとか偉いというのは相対的なものなので、一方に地位の高い人、偉い人がいれば、他方には地位の低い人、偉くない人がいる。

日本では、組織や集団もかなり閉鎖的である。

「終身雇用は崩壊した」といわれながらも、大企業や役所では中途で辞める人は少ない。辞める人が少ないので、中途で入る人も少ない。そのため同僚同士がライバルとなり、定年まで「ゼロサム型」の競争を続けることになる。部長や課長のような役職ポストは数がかぎられているので、出世したければ仲間の足を引っぱってでも競争に勝ち残るしかない。

また会社全体、あるいは部門ごとに給与原資の総額が決まっているため、その配分をめぐって競争になる。配分の基準になる人事評価（人事考課）も相対評価なので、みんなが同じようにがんばって成果をあげても、一つの部署のなかでだれかが「S」（最優秀）の評価を得たら別の人が割りを食うことになる。

教育の世界も「ゼロサム型」である。学校の通信簿や内申書は1～5（小学校3～6年は1～3）、A～Eというようにランクづけされる。そして高校や大学の入試は定員が決まっているので、全国の受験生が一点をめぐって争う。

一方、アメリカやヨーロッパはもちろん、中国、韓国、シンガポールなどアジアの国々も労働移動は日本に比べて激しいし、アジア新興国の経済は国内消費より輸出志向型でしかも成長が著しい。また教育の面でも学校選択の機会が多く、海外留学もかなり盛んだ。そのため、典型的なゼロサム社会ではない。

これらの国々と違って日本では人の出入りが少なく、しかも国民は民族的にも教育や価値観などの面でも比較的均質なので、モノも、カネも、地位も、名誉も固定されたメンバーで奪い合う構造になるわけである。

したがって、そのままだとT・ホッブズ（一九六四）のいうような「万人による闘争」状態に陥ってしまう。

そうならないために手っ取り早いのは、とりあえずみんなを「イヌ扱い」しておくことである。人々は上司や教師の指示に忠実にしたがい、周囲に同調して行動するように教育される。第1章で述べたように、それは長年続いた工業社会の要請にもかなうものだった。そのため上意下達で協調を重んじる教育やマネジメントは、時代とともにますます洗練されていった。

人々も、できるだけ無用な争いは避けたい。そこで人々の間では、互いに牽制し、抜け駆けや突出を許さない暗黙の了解ができていく。それが「出る杭は打たれる」という風土である。いずれにしても他国と陸続きで領土の拡張を図り、民族間の争いを繰り返してきた欧米などとは対照的である。

では、閉鎖的な日本で「ネコ型」社会をつくることはできないのだろうか。

いや、それは不可能ではない。そのヒントが京都にある。

閉鎖的だが革新的な街

前述したように、京都はとても閉鎖的な土地として知られている。

まず地理的には、東西と北の三方を山に囲まれている。トンネル技術も交通網も未発達の時代には、京都から外へ出るのも外から入ってくるのも容易ではなかった。不思議なもので交通の便がよくなり、東京への一極集中が進んだいまでも、大阪の企業と違って東京へ拠点を移す企業が少ない。企業だけでなく京都で生まれ育った人も、なかなか京都を離れようとしない。

そして、地理的な閉鎖性は独特の歴史や文化を生む。京都では、俗に三代（一〇代ともいう）住まなければ京都人と認めてもらえないといわれ、老舗の料亭や御茶屋では「一見さんお断り」といった保守的な慣行がいまも残っている。古くから受け継がれた祭や町内会などの自治組織を仕切るのは、たいていが代々地域に住み続ける長老である。また訪問先で「ぶぶ漬けでもどうどす」といわれたらそろそろ帰ってほしいというメッセージだとか、家の前に水まきをするとき、隣の家には三間ぶんだけまくといった、京都人にしかなかなかわからない慣習もある。

このように、京都は閉鎖的で保守的な街であり、単純に考えたら「出る杭を打つ」典型的な「イヌ型」社会になりそうだ。

ところが、よく知られているように京都には開放的で革新的な一面がある。文化人類学者の祖父江孝男は、京都では格式や家柄を重視するなど保守的である一方、京の「先走り」、京の「新しいもの好き」といわれるなど進歩的な性格を備えていると指摘している（祖父江 一九七一）。

先にあげた若者文化やベンチャー型企業、それに市電やマネキンも京都で生まれたといわれているし、ＭＫタクシーを興して同一地域・同一運賃の規制を破るなど「業界の風雲児」と呼ばれた青木定雄や、猛烈な働きぶりで知られた日本電産の永守重信のようにユニークな経営者も輩出している。また政治の世界では、護憲を旗印に二八年間にわたって知事を務めた蜷川虎三を筆頭に、かつては革新政治家がつぎつぎと誕生し「革新の牙城」と呼ばれた。いまでも京都府知事や京都市長の選挙では、共産党系の候補が保守系の現職候補をしばしば脅かすなど革新政党が存在感を示している。

「庶民的個人主義」の風土

このように、新しいものがつぎつぎと登場する背景として、まず京都特有の文化と、京都人の特性があげられる。

歴史的に京都は商人の街であり、武士の街であり政治の中心地でもある東京に比べてタテの関係が弱い。その一方で反権力、反東京の意識が強い。

そして、京都には一種の個人主義が根づいている。京都人は他人に干渉されることを嫌い、他人の生活にも深く立ち入らない。隣家の前に広く水をまくような、おせっかいをしないのも、贈り物をもらったらすぐにお返しをするのも、人間関係が濃密になりすぎるのを避けるため、さらにいうなら借りをつくって相手に従属したくないからである。

それが、外部の人には冷たい印象を与え、京都の人は「いけず」だと陰口をたたかれたり、京都は住みにくいといわれたりする。

同じ個人主義でも、唯一絶対の神を中心にすえ原理原則を重んじる欧米型の個人主義とは異なり、京都人の個人主義は、他人に迷惑をかけなければ干渉しないという庶民の処世術に近い。私はこのような価値観と行動様式を、「庶民的個人主義」と呼んでいる。前述した「マイペース型個人主義」とならんで「庶民的個人主義」もまた、「ネコ型」の生きかたそのものである。

前章では、他人に対する過剰な思い入れが「イヌ扱い」につながると指摘したが、京都人は徹底して自分視点にこだわることで「イヌ扱い」を防いでいるのかもしれない。また前述した「京のぶぶ漬け」に象徴されるように本音と建前を巧妙に使い分けるのも、人間関係で角を立てずに自分のペースを守る処世術だといえる。

「よそさん」には深い関わりを免除

京都には、もう一つ「よそさん」という注目したい言葉がある。外から来た人を生粋の京都人と分ける言葉だ。

文字どおり、よそよそしい印象を与え、へたをすると差別や排除につながりかねない危うさを秘めているが、これもまた個人の自由を守る役割を果たしていると思う。伝統と革新、秩序と自由、地域に根を下ろして暮らす人とたまたま移り住んできた人。ある意味で、水と油のようなものが無理なく共存するには、突き詰めると「分化」すなわち分けるしかないからである。

実際、京都には古いしきたりがあり、外から来た人がそれを忠実に守ろうとすると、やはり負担になる。そこで、「よそさん」にはしきたりを守ることを免除するのである。祭や地域の行事なども、都市によっては新参者に対して旧住民と同様に参加を義務づけているところがあるが、京都では基本的に京都人が主導するので「よそさん」が強制的に参加させられることは少ない。また周りとそぐわない行動や目立つかっこうをしている人にも、「よそさんやからしょうがない」と寛容だ。要するに「よそさん」は他人に迷惑をかけないかぎり干渉を受けず、自由にさせてもらえるのである。

だからといって「よそさん」が生活するうえで大きな不利益をこうむるとか、重要な社会的地位に就けないというわけではない。その証拠に、京都で功成り名を遂げた実業家には、外から来た人が多く、歴代知事もほとんどが他府県出身者である。

このことからも、「よそさん」を社会的に差別しているとか、排除しているという批判は当たらない。むしろ「よそさん」扱いは京都人が外部者から自らの身を守る砦《とりで》の役割も果たしている。

作家や芸術家、科学者、文化人、それに学生や外国人も好んで京都に住もうとするのは、こうした「庶民的個人主義」の風土が心地よいからだろう。

ただ、閉鎖的な社会のなかで「ゼロサム」構造が残る以上、それだけでは「イヌ型」から脱却することは難しい。

「分化」すれば共存できる

では、京都のように狭く閉鎖的な土地で人々はどのように「ゼロサム」構造を克服し、「ネコ型」の社会をつくってきたのだろうか。

ここでまたネコの行動に注目してみよう。

ネコ研究の第一人者とされるP・ライハウゼンは、ネコの行動学のバイブルともいわれる著書（ライハウゼン 二〇一七復刻）のなかで、つぎのようなネコの特徴を記している。

まずネコの世界では、序列が必ずしも明確ではなく、二匹のネコが出会ったときの順位は出会いの場所と時間との関係で決まる。彼は、それを「相対的な社会的序列」あるいは「相対的順位」と名づけた。生殖行動においても、ある地域内でいちばん強いネコが専制君主となって他のあらゆる雄ネコに求愛や交尾を許さないわけではなく、恒久的な群れもつくらないので、弱い個体でも相対的な順位の利点を享受できる。

したがって雄ネコたちのシステム全体は、ただ一匹の支配的な個体の利益のためというよりむしろ、できるだけ多くの強くて健康な雄ネコたちに繁殖の機会をほぼ均等に与えるためにできているようにみえるという。

やはりネコの世界は、タテ社会というよりヨコ社会であり多元的で柔軟なシステムになっているのである。そして興味深いのは、互いに衝突せず共存する知恵をネコが身につけていることだ。

ライハウゼンによるとネコの道路網は交差し合っていて、道や狩りの区域、日光浴や見張りのための場所を共同で使うようになっている。そのため、ネコたちは一定の時間計画をもち、出会いを避けるようにしている。たとえば、通り道を歩いている別のネコがいると、そのネコが視界から消えるまでみつめているという。

つまりネコは、時間を「分化」することによって、また後述するように、空間も「分化」することで衝突を回避しているのである。

人間の場合は、時間や空間に加え、認識的にも分化して「ゼロサム型」の競争を避ける知恵をもっている（太田 二〇一七）。たとえば一人ひとりの個性や役割、貢献などをはっきりさせるのである。京都人はそれが上手だ。おそらく長い歴史から得た教訓の蓄積によるものだろう。

その一つが扱う商品やつくる製品の分化による「棲み分け」である。経営学者の加護野忠男は、つぎのような棲み分けの例をあげている（加護野 二〇〇四）。

田村喜子の『むろまち』（修道社）に登場する主人公の市原亀之助は、京都室町の織物問屋の創業者である。彼は丁稚から独立するとき、かぎられた市場で同じ産地のものを扱えば価格競争となり、互いの首を絞めることになると考え、京都や丹後の織物ではなく大島紬に注力して事業を拡大していった。

もう一つは、村田製作所の土台をつくった村田昭の例である。彼はガラス事業の創業者である父親に事業の拡大を進言したが、拡大すると同業者が困るし、自分のところももうからないのでやるべきでないと叱られた。そこで同業者のやっていないものをつくると申し出て、どうにか了解してもらった。彼が注目したのが新しいタイプの碍子《がいし》とセラミックコンデンサーである。

このように「棲み分け」のためには同業者がやっていない商品を開発するというイノベーションが必要なのだ、と加護野はいう。分化の必要が京都の革新性につながったわけである。

それだけではない。そもそも棲み分け理論を唱えたのはいわゆる京都学派の一人で生態学者の今西錦司であるが、棲み分けには強者への依存や従属を避ける知恵が含まれているように思う。なぜなら棲み分けは一種の専門分化であり、誇り高きオンリーワンを意味するからである。

先にあげたような京都の技術集約型企業は、独自の技術をもち、国内外の多くの企業と取引する。けっして特定企業の下請にはならない戦略をとってきた。第3章で述べた野良ネコと同じように、複数の相手と多元的な関係をもつことで自律性を確保しているのである。

だれにも「なわばり」が必要だ

ところで「棲み分け」は、みかたを変えれば「なわばり」になる。ネコはイヌなどの動物と同様になわばりをつくる。ライハウゼンによると「なわばり」は、部屋とかその片隅といったネコが住んでいるところと、パトロール区域の両方からなる。

たしかに家のなかで飼っているネコでも外飼いのネコでも、マーキング（臭いづけ）をしてなわばりを主張する。そして自分の「なわばり」にほかのネコやイヌなどの動物が近づいてきたら猛然と攻撃し、追い払う。また食事がすんだら、おきまりのコースへパトロールに出かける。パトロール区域は前述したように共有の場所なので、他のネコに出会ってけんかにならないよう時間をずらしたり、身を潜めたりする。

では、人間の場合「なわばり」がいらないのかというと、もちろんそうではない。人間も動物なので本能的な部分はイヌやネコと一緒だ。

たとえば、それほど混み合っていない電車のなかで、他人が異常に近づいてくるとだれでも不快になる。ときにはけんかになる場合もある。近隣トラブルや国同士の争いも、その多くは「なわばり」を侵したことが原因になっている。

それだけ人間も「なわばり」に敏感なのだ。

かつて、別々の女性秘書から、「社長にスケジュールを尋ねたら、『私を管理しようとするのか』と怒られた」という話を聞いたことがある。その態度があまりにも子どもっぽかったと笑い話になったのだが、地位の上下など関係なく「なわばり」を守ろうとする本能はそれほど強いのである。

日常の職場でも、他人の仕事に口を出したり、権限を侵したりするとトラブルになるものだ。欧米企業では職務、すなわち一人ひとりの仕事の範囲や権限・責任を明確に定めて契約し、書面に記載する。「なわばり」をはっきりさせることでトラブルを未然に防ごうとしているわけである。個室や衝立《ついたて》で一人ずつ仕切られたオフィスもまた、「なわばり」を守るものである。

それに対して、日本の伝統的なオフィスは大部屋で仕切りがない。仕事の範囲もかなりあいまいで、集団でこなす仕事も多い。

このような職場は仲間が協力しやすく、チームワークもよくなると信じられてきた。たしかに同僚の仕事に口を挟んだり、隣席の人に仕事を手伝ってもらうように頼んだりできる。突発的な仕事がやってきても、手の空いている人がやればいい。

「なわばり」をつくれば積極的になれる

しかし、表面的には「なわばり」がないほうがうまくいっているようでも、実際はかなり無理が生じているのかもしれない。

第3章で指摘したとおり、日本の企業では欧米企業に比べて仲間を助けたり、仲間に情報を教えたりしない傾向がある。また、日本は集団主義で「絆」の尊さが叫ばれているにもかかわらず、他人を積極的に助ける姿勢に欠ける面がある。

それは、将来にわたってライバル関係にあることだけが原因ではない。日常の仕事においても分担があいまいだと、へたに関わったら面倒な仕事に巻き込まれるかもしれない。相手が図々しい人であれば、当たり前のように仕事を押しつけてこないともかぎらない。それを考えたら関わらないほうが無難だという計算が働く。

仕事にかぎった話ではない。日本では拒否する権利、すなわち「なわばり」を守る権利についての認識が薄い。第２章でも述べたが、町内会やＰＴＡなどの任意団体でも労働組合でも、選挙で役員に選ばれたら断れない。そのため活動に参加したくても、活動に積極的なようにみられて役員にでも選ばれたらたいへんなので、関わらないでおこうという心理が働く。このような例はほかにもたくさんある。

それに対し「なわばり」がしっかり守られていたら、相手から無理な要求をされたときや、気が乗らないときには断ればよい。自分の領域を侵される心配がないので安心して他人と関われる。困っている人がいたら迷わずに助けてあげられるわけである。

そもそも京都人が冷たくて、利他心が薄いというのは偏見である。住んでみるとわかるが、京都の人はほんとうに困っているときはさりげなく手をさしのべてくれるし、いざとなれば打算抜きで支援する潔さもある。

本物のネコだって、いざとなれば利他的行動をとる。幼児を襲う猛犬に体当たりして守るネコの動画がSNSにアップされ話題になったし、私のいとこの家では外飼いのイヌが臨終のとき一晩中つき添っていたのは近所の野良ネコだった。

「なわばり」には、自分の領域が侵される不安を解消することによって前向きな行動を引き出す効果がある。生粋の京都人が他人の生活に干渉しないのも、狭い街のなかで多くの人が共存していくためにはもちろんのこと、必要に応じて協力しやすくするための歴史が生んだ智恵なのかもしれない。

ところで、こうしてみてみると、京都は前章で取りあげたパリと共通点が多いことがわかる。ちなみに京都とパリは姉妹都市でもある。ともに古くて新しい「ネコ型」都市であり、現在もその存在感が衰えないどころか、いちだんと増している。だからこそ、そこに普遍的なものが存在すると考えてよいのではなかろうか。

おわりに

本書を執筆している最中の昨年秋、「はじめに」で紹介したわが家の愛犬、モモが急死した。ネコのクリが突然やってきて以来、モモはペットとしての主役の座を奪われ、以前ほど家族と触れ合って暮らすことはなくなった。老後は寂しい思いをさせたのではないかと想像すると胸が痛む。

考えてみれば、モモがいなかったらわが家にクリがやってくることはなかったはずで、ネコをモチーフにした本書を執筆する着想もわかなかっただろう。懺悔《ざんげ》と感謝の気持ちを込めながらモモをあの世へ送った。鎖につながれた一五年半の一生を思うと、できればネコとして生まれ変わってほしいが、もとよりかなわぬ願いである。

しかし人間の場合、「イヌ型」を「ネコ型」として再生することは可能だ。それは第2章で紹介したいくつかの事例でも証明されている。「ネコ転」が成功したのは、大きな壁にぶつかって従来の既成概念が捨てられたからだ。具体的にいうと、上下の関係から対等な関係に変えられたからである。では、壁にぶつかる前に「ネコ転」する簡単な方法はないのか。

ここでもまたネコを引き合いに出そう。

ネコと対等につき合うには、言葉から変えるとよいそうだ。「猫を飼う」から「猫と暮らす」へ。「エサ」は「ごはん」あるいは「食事」に……。

一九九二年にネコ専門のシッティングサービスを創業して以来、五万匹のネコを世話したというネコのプロ、南里秀子は著書(南里二〇一七)でこう勧めている。たかが言葉と思われるかもしれない。しかし、言葉は態度や関係性と不可分なので想像以上の効果がある。社内での呼称を役職から「〇〇さん」に変え、上下に関係なく敬語で話すようにしたところ、権威主義が消えて若手に活気が出たという会社がある。管理職からも、ムダな肩の力が抜けて楽になったと好評らしい。

手前味噌だが、私も大学では学生を「さん」づけで呼び、敬語で話すようにしている。それが多少なりとも影響しているのか、就職活動先では「太田ゼミの学生は自分の意見が言える」と評価してもらっているそうだ。「ネコ型」人間、「ネコ型」社会をつくることは想像するほど難しくない、というのが私の率直な感想である。

一九八六年から二〇〇六年の間に世界でネコの飼育数が五〇パーセントも増加したといわれる（タッカー 二〇一八）。国内のペット数も昨年、ネコがイヌをはじめて上回った。このような近年における飼いネコの増加が世の中の変化を反映しているといってもこじつけではないほど、「ネコ型」人間はいまの時代、そしてこれからの時代にマッチしている。

家庭の子育ても、学校教育も、社員教育やマネジメントも、さらに社会の仕組みも「イヌ型」から「ネコ型」へ思い切って転換するときだとあらためてうったえたい。

本書の執筆に際しては、多くの人たちにお世話になった。とりわけフランスでの調査に際して多大なご支援をいただいた、兵庫県パリ事務所の齊籐和満元所長、萱嶋聖志現所長やスタッフの方々には深く感謝している。

そして、最後になったが、本書の企画を快く受け入れてくださった株式会社平凡社、ならびに執筆のきっかけを与えていただいた同社新書編集部の和田康成氏には、心より御礼申しあげる。

二〇一八年一月

太田　肇

引用文献
（本文中に出典を明示した記事や調査結果などを除く）

池田謙一編著『日本人の考え方 世界の人の考え方』勁草書房、二〇一六年

今西乃子『ドッグ・シェルター——犬と少年たちの再出航』金の星社、二〇〇二年

R・H・ウォータマン（野中郁次郎訳）『エクセレント・マネジャー——日本に学び、日本を超えた7つの米国企業』クレスト社、一九九四年

太田肇『選別主義を超えて——「個の時代」への組織革命』中央公論新社、二〇〇三年

同『承認欲求——「認められたい」をどう活かすか？』東洋経済新報社、二〇〇七年

同『承認とモチベーション——実証されたその効果』同文舘出版、二〇一一年

同『子どもが伸びる ほめる子育て——データと実例が教えるツボ』筑摩書房、二〇一三年

同『なぜ日本企業は勝てなくなったのか——個を活かす「分化」の組織論』新潮社、二〇一七年

岡檀『生き心地の良い町——この自殺率の低さには理由《わけ》がある』講談社、二〇一三年

岡本茂樹『いい子に育てると犯罪者になります』新潮社、二〇一六年

加護野忠男「京都の保守性が育てる企業家精神」『書斎の窓』有斐閣、二〇〇四年九月号

M・グラノヴェター（渡辺深訳）『転職——ネットワークとキャリアの研究』ミネルヴァ書房、一九九八年

佐久間賢『問題解決型リーダーシップ』講談社、二〇〇三年

佐藤淑子『イギリスのいい子 日本のいい子――自己主張とがまんの教育学』中央公論新社、二〇〇一年
千石保『新エゴイズムの若者たち――自己決定主義という価値観』PHP研究所、二〇〇一年
祖父江孝男『県民性――文化人類学的考察』中央公論社、一九七一年
A・タッカー（西田美緒子訳）『猫はこうして地球を征服した――人の脳からインターネット、生態系まで』インターシフト、二〇一八年
M・チクセントミハイ（今村浩明訳）『フロー体験 喜びの現象学』世界思想社、一九九六年
E・L・デシ（安藤延男・石田梅男訳）『内発的動機づけ――実験社会心理学的アプローチ』誠信書房、一九八〇年
出路雅明『ちょっとアホ！理論――倒産寸前だったのに超V字回復できちゃった！』現代書林、二〇〇六年
南里秀子『猫の學校――猫と人の快適生活レッスン』ポプラ社、二〇一七年
長谷川英祐『働かないアリに意義がある』メディアファクトリー、二〇一〇年
花田光世「人事制度における競争原理の実態」『組織科学』第二一巻第二号、一九八七年
原晋『勝ち続ける理由』祥伝社、二〇一六年
原田正文『完璧志向が子どもをつぶす』筑摩書房、二〇〇八年
平尾誠二『人を奮い立たせるリーダーの力』マガジンハウス、二〇一七年
藤沢久美『最高のリーダーは何もしない――内向型人間が最強のチームをつくる！』ダイヤモンド社、二〇一六年
藤田英夫『「状況」が人を動かす――管理からリードへ』毎日新聞社、一九八九年

J・ホイジンガー（高橋英夫訳）『ホモ・ルーデンス』中央公論社、一九七三年
T・ホッブズ（水田洋訳）『リヴァイアサン』岩波書店、一九六四年
D・マグレガー（高橋達男訳）『新訳・企業の人間的側面――統合と自己統制による経営』産業能率短期大学、一九七〇年
S・ミルグラム（岸田秀訳）『服従の心理――アイヒマン実験』河出書房新社、一九八〇年
山口生史・七井誠一郎「日本人の労働志向の変化と新しい経営システムの創造」『組織科学』第三〇巻第四号、一九九七年
横山章光『アニマル・セラピーとは何か』日本放送出版協会、一九九六年
P・ライハウゼン（今泉みね子訳）『ネコの行動学』丸善、二〇一七年（復刻出版）
リヒテルズ直子『オランダの教育』平凡社、二〇〇四年
T. Burns and G.M. Stalker, *The Management of Innovation*, London: Tavistock, 1961.

【著者】
太田肇（おおた はじめ）
1954年兵庫県生まれ。同志社大学政策学部教授。神戸大学大学院経営学研究科修了。京都大学経済学博士。専門は個人を尊重する組織の研究。おもな著書に『公務員革命』『ホンネで動かす組織論』『ムダな仕事が多い職場』（以上、ちくま新書）、『がんばると迷惑な人』『個人を幸福にしない日本の組織』（ともに新潮新書）、『個人尊重の組織論』（中公新書）などがある。

平　凡　社　新　書　８　７　４

「ネコ型」人間の時代
直感こそAIに勝る

発行日——2018年4月13日　初版第1刷

著者———太田肇
発行者——下中美都
発行所——株式会社平凡社
東京都千代田区神田神保町3-29　〒101-0051
電話　東京（03）3230-6580［編集］
東京（03）3230-6573［営業］
振替　00180-0-29639
印刷・製本—株式会社東京印書館
装幀———菊地信義

ISBN978-4-582-85874-7
NDC分類番号361.6　新書判（17.2cm）　総ページ240
平凡社ホームページ　http://www.heibonsha.co.jp/